beck ˡsche reihe

b ˢʳ

Don Juan und Blaubart sind erotische Extremfiguren, die zu literarischen Mythen geworden sind. In der Mitte des 19. Jahrhunderts lösen sie einander ab. Während der erotische Serienverführer Don Juan von der literarischen Szene abtritt, beginnt die mörderische Variante der libidinösen Eroberungssucht ihren literarischen Siegeszug. Der sexuelle Serienmörder Blaubart betritt die Bühne. Jürgen Wertheimer versucht eine Erklärung für die eigenartige Faszination Blaubarts in der Gegenwart – von Ingeborg Bachmann und Max Frisch bis zu Pina Bauschs Tanztheater. Ist das ritualisierte und spielerische Entdecken der potentiell perversen Verhaltenselemente in jedermann/jederfrau ein Mittel zur präventiven Bändigung dieses Potentials? Verbirgt sich also hinter dem mediokren Interesse an Extremen nichts weiter als latenter Extremismus der Mediokrität? Blaubart und Don Juan sind dann Repräsentanten von Kollektivphantasien. Serielle Tötung und serielle sexuelle Befriedigung, in der gesellschaftlichen Wirklichkeit tabuisiert, werden in Stellvertreterfiguren verklärt. Sind Don Juan und Blaubart Exponenten einer permanenten antimoralistischen und antidemokratischen Gegenreformation, die auf mörderische Weise Allmachtsträume verkörpern, die alle angehen und die von allen ausgehen?

Jürgen Wertheimer ist Professor für Komparatistik und neuere deutsche Literaturwissenschaft an der Universität Tübingen.

Jürgen Wertheimer

Don Juan und Blaubart

Erotische Serientäter in der Literatur

Verlag C. H. Beck

Die Deutsche Bibliothek – CIP-Einheitsaufnahme

Wertheimer, Jürgen:
Don Juan und Blaubart: erotische Serientäter in der Literatur /
Jürgen Wertheimer. – Orig.-Ausg. – München : Beck, 1999

(Beck'sche Reihe ; 1316)
ISBN 3 406 42116 4

Originalausgabe
ISBN 3 406 42116 4

Umschlagentwurf: + malsy, Bremen
Umschlagabbildung: pwe Kinoarchiv Hamburg
© C. H. Beck'sche Verlagsbuchhandlung (Oscar Beck), München 1999
Satz und Lithos: Jung Satzcentrum, Lahnau
Druck und Bindung: C. H. Beck'sche Buchdruckerei, Nördlingen
Gedruckt auf säurefreiem, alterungsbeständigem Papier
(hergestellt aus chlorfrei gebleichtem Zellstoff)
Printed in Germany

Inhalt

5

Zur Einführung: Don Juans Niedergang

„Wie er ... so sind Tausende" läßt schon Molière seinen Sganarell sagen und mit einem Satz Glanz und Elend der Don-Juan-Figur umreißen. Der erfolgreichste Mythos der modernen europäischen Literatur ist zugleich ihr banalster. Ein kurioser Sachverhalt, den auch bereits E. T. A. Hoffmann reflektiert: „Betrachtet man den Don Juan, ohne ihm eine ‚tiefere Bedeutung' zu geben, so daß man nur das Geschichtliche in Anspruch nimmt, so ist es kaum zu begreifen, wie Mozart eine solche Musik dazu denken und dichten konnte." Die Banalität des Gegenstandes hat jedoch nicht verhindert, daß die krude *story* vom adeligen Serienverführer in den nur drei Jahrhunderten ihrer Existenz mehr als 500 Bearbeitungen stimulierte. Ob Molière oder Mozart, Grabbe, Byron oder Lenau, Puschkin, Kierkegaard, y Gasset und Frisch – kaum einer, der sich dem Bann der offenbar dennoch faszinierenden Figur zu entziehen vermocht hätte, wobei das Spektrum der Interessen von Bewunderung des Draufgängers bis hin zum Mitleid für Opfer seiner Eroberungen reicht. Sexualtriebsapotheose und unverwüstliche Kopulationsmaschinerien als Gründungsmythen der europäischen Moderne? Möglicherweise, denn die Legende von Don Juan ist an der Schnittstelle einer ideengeschichtlichen Kontroverse angesiedelt, die im 17./18. Jahrhundert mit großer Intensität geführt wurde. Grob gesprochen ging es um die Auseinandersetzung zwischen zwei absolut unvereinbaren Wertesystemen; eine Auseinandersetzung, die auf dem Feld der Sexualität mit verbissener Entschlossenheit ausgetragen wurde. Don Juan als Vertreter eines auf Übergriff, Aktivismus und Serienprinzip angelegten Lustprinzips steht auf der einen Seite, während vor allem die Frauen als Repräsentantinnen bürgerlicher Kultur (mitsamt deren Vorsichts-, Tugend- und Reinheitsgeboten) erscheinen. Sie engen den erotischen Aktions- und Spielraum des aristokratischen Liebes-Spielers in demselben Maße ein, in dem sie ihn stimulieren und provozieren. Und aller Virilität zum Trotz zappelt dieser im Netz der neuen Moral.

Selbst bei Tirso de Molinas unbefangen jugendlichem Aristokratenlümmel, für den alles „nur Spaß", *graciosa burla* ist, lauert bereits die Gefahr der Moral auf offener Bühne, wenngleich freilich noch in altväterlicher Kutte, Gespenstermahlzeit und zerfetzende Teufelsklauen inklusive. Ein halbes Jahrhundert später, im Kontext des frühaufklärerischen Rationalismus französischer Provenienz, ist aus dem pompösen Höllensturz von Tirsos barockem Trauerstück ein eher verlegener Abgang geworden, für den Molière eine kleine Regieanweisung genügt: „Donner und Blitz, die Erde spaltet sich, Don Juan und der Komtur versinken, Flammen steigen aus der Tiefe auf." Zugleich gerät der nun bereits beachtlich gealterte Verführer ins anti-libertinistische Sperrfeuer durchaus irdischer Gegenargumentationen. Wie zum Beispiel derjenigen seines Dieners Sganarell, der Don Juan ungestraft sagen darf, er sei „ein Rasender, ein verrückter toller Hund", um ihm dann die Leviten nach allen Regeln der bürgerlichen Moral zu lesen:

„Glauben Sie, weil Sie von Adel sind, weil Sie eine gut frisierte Perücke und einen goldbestickten Rock [...] haben [...], daß Sie deshalb ein besserer Mensch sind, daß Ihnen alles erlaubt ist [...]?" (I, 2)

Auch die Frauen attackieren. Besonders *die* Frau tut dies. Denn dieser Don Juan ist nun bereits verheiratet, Mitte vierzig, ein gutaussehender Blender mit Fechtkenntnissen und notorisch schwachem Kontostand. Weit mehr ein Autist denn ein Erotomane und fast ein wenig auf dem Weg zur komischen, schlimmer noch, zur bemitleidenswerten Figur, eine Art sentimentaler Tartuffe, dem die „bleiche, frömmlerische Elvira" denn auch großherzig vergeben kann:

„Vor Ihnen steht nicht mehr jene Elvira, die Ihnen fluchte und deren erregtes Gemüt nur Drohungen ausstieß und Rache atmete. Der Himmel hat die unwürdige Leidenschaft, die mich zu Ihnen trieb, in mir erstickt [...]. Geblieben ist in meinem Herzen nur eine von allem Sinnlichen gereinigte Flamme, eine reine himmlische Zärtlichkeit, eine Liebe, die von allem Eigennutz frei und nur auf Ihr Wohl bedacht ist." (IV, 6)

Immerhin bleibt diese tugendsame Suada der ent-flammten Elvira der einzige Versuch, den Provokateur wieder sozial einzugliedern – eine eher zurückhaltende Vorgehensweise, vergleicht man sie mit der konzertierten Aktion weiblicher Mahn- und Strafarien, deren sich DaPonte/Mozarts Don Giovanni wenig später zu erwehren haben wird. Regelrecht zappelnd im dichten Netzwerk solidarischer Weiblichkeit findet sich der erotische Anarchist, wenn er je drei- bis viermal auf die ihn verfolgenden Furien Elvira, Anna, Zerlina trifft bzw. vor ihnen fliehen muß. Die Potenz verbleibt dabei im Potentialis, und es ist sicher kein Zufall, daß der Protagonist auch musikalisch etwas kastriert erscheint und Mozart ihm keine musikalische Eigenstimme, also keine große Arie zugedacht hat.

Überraschend ist jedoch, daß Don Giovanni selbst trotz dieses massiven gesellschaftlichen Außendrucks in sich statisch und resistent geblieben zu sein scheint: unsentimental, amoralisch, stoisch, re-vitalisiert (im Vergleich zu Molière) und ganz das gesunde aggressive Tropentier im Unterholz des bürgerlichen Tugenddikkichts, als das Nietzsche ihn ein Jahrhundert später zeichnen wird. Seine Stärke ist, daß er sich *nicht* verändert und angepaßt hat und auch keine Kompromisse schließt, denn: „è tutto amore", alles geschieht aus Liebe, und das Gefühl, das ich in mir spüre ist so groß, daß es allen gelten muß: „vo' bene a tutte quante …"

Von „heroischer Kodifizierung von Intimität" wird Luhmann in anderem Zusammenhang sprechen. Und obwohl alle anderen Figuren im ideologischen Streit mit diesem höchst unzeitgemäßen erotischen Heroismus zu stehen scheinen, sind sie doch zugleich auf der Ebene ihrer Affekte Adoranten des verhaßten und bekämpften Frauenhelden. Don Giovanni, erst Provokateur, dann komischsatirische Figur, ist endgültig zum sozialen Außenseiter geworden – zum lebenden Anachronismus. *Aber:* zum Außenseiter und Anachronisten einer Gesellschaft, die seiner mehr denn je bedarf; Flucht vor und Sucht nach Don Giovanni geben der Oper jene Choreographie eines fieberhaften Paarlaufs von Täter und Opfer. Ihren nachhaltigsten Ausdruck findet diese Spannung in der Beziehung Don Giovanni/Donna Anna, polyvalent schattiert zwischen Verführung und Vergewaltigung, Faszination und Abscheu, wobei Libretto und Musik durchaus unterschiedliche Sprachen reden. Was verbal verurteilt wird, kann synchron dazu musikalisch verklärt erscheinen, und so erweist sich gerade die Oper mit ihrem gleichzeitigen Spiel auf mehreren ästhetischen Ebenen als die ideale Gattung, um der ambivalenten Botschaft der Untugend in dieser Spätphase der bürgerlichen Aufklärung psychologisch gerecht zu werden. Während das bürgerliche Trauerspiel, seinem Namen alle Ehre machend, Schultugenden gegen die Bedürfnisse des Individuums bis zur suizidalen Selbstkasteiung tränenreich, aber unbarmherzig vorexerziert, vermag die Oper, psychologisch wahrhaftiger, die Doppeldeutigkeit zur Qualität werden zu lassen und Don Juans große

Giftgefühle begrifflich abzuweisen und zugleich klangsüchtig zu inhalieren. Das Süchtigwerden nach den Gefühlen, die mit dieser Figur verbunden sind und die von ihr katalysiert und freigesetzt werden, wird vor allem die Romantiker von E. T. A. Hoffmann bis zu Grabbe und Lenau faszinieren. Freilich kommen diese phallo-kratischen Weiheakte und poetisch-erotischen Phantasien in der Regel nicht ohne ihre Menschenopfer aus: Auf der Strecke bleiben zunehmend im 19. Jahrhundert und hierin ganz im Unterschied zur Tradition des 18. Jahrhunderts die eros-infizierten Frauen, selbst wenn sie nur Bühnendarstellerinnen sind, wie die Schauspielerin in E. T. A. Hoffmanns Erzählung, die, nachdem sie den Voyeur in der Loge durch Kleiderrascheln und Parfümhauch zur Ekstase brachte, ohne weitere Erklärungen in derselben Nacht verstirbt. Längst hat das Gehirn, hat der Orgasmus im Kopf, haben die „männlichen" Nerven die Realpräsenz der Frau fast unnötig werden lassen. Wenig später, bei Grabbe, wird Anna im Megadrama *Faust und Don Juan* zwischen den gewichtigen Geistesheroen und Doppelprotagoni-sten nachgerade zerrieben, ganz so als wollte man Elisabeth Bron-fen im Vorgriff gleichsam prototypisches Material liefern zur Bestä-tigung ihrer These, daß die weibliche Leichenhaut allemal der optimale Stoff ist, auf dem Titanen ihre erotischen Geschichten schreiben. Die radikalste und vielleicht unbewußt zynischste Art, um die emanzipatorischen Lebensformen poetisch anmutig zu er-sticken. Doch die monströsen, libidinös exaltierten Gestalten dieser Don Juan-Produktionen führen letztlich in eine psychologische wie ideengeschichtliche Sackgasse, aus der selbst die elaboriertesten und radikalsten Gegenentwürfe nicht herausführen.

Den vielleicht konsequentesten, jedenfalls provokantesten Vor-schlag macht Schnitzler in seinem *Reigen* am Ende des Jahrhun-derts, wenn das „Prinzip Don Juan" kritisch relativiert wird und als banales Unterfutter des menschlichen Triebhaushalts im rigiden bürgerlichen Kontext auf realistische Dimensionen schrumpft. Der Klassen und Stände durchdringende Traum von unendlicher Potenz ohne Konsequenz wird als endlose Kopulationsfolge entfaltet, wo-bei Moral und Bedürfnis sorgsam szenenweise gesondert in ihren mentalen Chambres séparées belassen werden. Praktizierter Don-juanismus als bürgerlicher Alptraum, Offenbarungseid und Hallu-zination in einem. – Die Theater-Pogrome, die das Stück mit den drei ominösen, elliptischen – – – an der entscheidenden Stelle be-

10

gleiteten, beweisen das Skandalon dieses tabuisierten Bereichs. Sexualität pur ohne die Stütze einer (innerlich bereits ausgehöhlten) Moral war inakzeptabel.

Die mit dem Tabubruch verbundenen Konsequenzen bleiben so selbst im leichten Reigenspiel zu erahnen. Weitaus drastischer werden die Sanktionen wirksam, wenn solch eine artistische Verfremdungsebene fehlt, wie zum Beispiel im realistischen Roman Fontanes. Fast zeitgleich wird dort selbst ein bereits reduzierter Don Juan wie Crampas gnadenlos getilgt. Das Duell schlägt gegen den Provokateur zurück, wobei das Todesurteil gesellschaftlich gleichermaßen sinnlos wie unabwendbar zu sein scheint. Dieser gemeuchelte „Don Juan" ist die exakte Umkehrung des todbringenden Verführers der früheren Jahrhunderte. Am Ende des bürgerlichen Zeitalters gibt es für die aussterbende Spezies des Erotomanen weder Refugium noch Reservat – es sei denn, im Text. Will er überleben, so bleibt dem modernen Don Juan nur eines: Er muß, wie bei Max Frisch, zur Idee, zur Kopfgeburt werden, und darf sich nur mehr in Geometrien oder Philosophien verlieben. Im Idealfall zieht er sich sogar selbst zurück, hinter die nicht minder phallokratische, jedoch gesellschaftsverträglichere Mauer des Textes. Und er kehrt damit genau an den Ort zurück, von dem er kam, denn letztlich war ja Don Juan immer „nur" eine literarische Kreation, seine eigene Legende. Eine Legende aus der Zeit, als das Wünschen und das Verwünschen, das Beschwören und Verfluchen noch geholfen haben und als poetische Träume gegen existentielle Ängste gesetzt wurden. Eingesperrt hinter Wänden aus Texten und analytischen Essays ist der bedrohliche Mythos nun endlich gebannt und – sterilisiert.

Vom Verführer zum Vernichter: Blaubart

Drei Jahrhunderte lang war Don Juan *die* erotische Projektions- und Leitfigur gewesen: Verflucht, bestraft, malträtiert und bewundert – Außenseiter und Ideal in einem. Im Verlauf des neunzehnten Jahrhunderts jedoch verlor er spürbar an Vitalität und Attraktivität. Während Don Juan allmählich von der literarischen Szene abzutreten und sein eigenes Zitat zu werden beginnt, kehrt ein ganz anderer, fast vergessener Erotomane, der einst Legende war, ins literarische Leben zurück: Blaubart.

Nur auf den ersten Blick mutet die Geschichte von Ritter Blaubart und seinen toten Ehefrauen märchenhaft und antiquiert an. In Wirklichkeit hat man es mit einem auf sehr moderne Art gnadenlosen und inhumanen Modell von Partnerschaft auf ehelicher Basis zu tun. Denn dieser Täter verführt nicht willkürlich jede, sondern tötet ausschließlich die Seine. Seine Ehefrau. Seine Ehefrauen. Und er vollzieht diese Tötungen nicht in der Öffentlichkeit, sondern hinter den Mauern seiner Burg.

Es ist erstaunlich, wie viele Autoren der Moderne sich von dieser Vorstellung anregen ließen. Selbst der sonst scheue, introvertierte Georg Trakl beschwört diesen neuen Typus, während auch er gleichzeitig den alten Heros des Libertinismus, nunmehr vor der Leiche der Donna Anna, in seinem Dramenfragment *Don Juans Tod* (1907) leblos niedersinken läßt:

„Ein Fremdgeborener und ein Qualbestimmter
Ein überwundener Sieger, Selbstverlorner,
Auf eisigen Gipfeln, die den Menschen fremd ...“

Aus der Asche Don Juans steigt unversehrt und von dessen quälerischen und selbstquälerischen Phantasien weitgehend unbeeindruckt Blaubart. Autonomer Innenreichherrscher: seine Burg – sein Zwinger; seine Ehefrauen – die Bezwungenen. Wo Don Juan verzweifelt endet, beginnt Blaubart, beim systematischen, kalkulierten Mord an seiner Frau. Der reinste Mord ist ihm der Mord an der Reinheit, deshalb gerät Trakls Blaubart geradezu in einen Lustmord-Rausch, wenn er zum Beispiel seine 15jährige Braut Elisabeth noch in der Hochzeitsnacht, ein lyrisches Liedchen trällernd, tötet und anbetet.

Besitzsucht, Omnipotenzwahn und Pseudoästhetizismus schaffen hier einen rabiaten Gestus kleinbürgerlich-aggressiver Bösartigkeit, der Don Juan, aller Exzentrik zum Trotz, wesensmäßig fremd war. Hochtönend und mythisierend von einer beklemmenden Synthese von Eros- und Todestrieb sprechen zu wollen wäre in Anbetracht dieser sadistischen Szenarien eine glatte Überhöhung. Eher fühlt man sich an Horkheimer/Adornos These von der Ehe als Mittel zur Befestigung und Systematisierung der Herrschaft des Mannes erinnert, wie dies in der *Dialektik der Aufklärung* formuliert wird. Die dort eher allgemein anmutende Aussage wird von Blaubart wörtlich genommen und in Fleisch gearbeitet. Tötungsritual und museale Verarbeitung der Gattinnen geht Hand in Hand – die Ehe als Fleischwolf, durch den die Gemahlinnen gedreht werden. Die Kammer, das siebte Zimmer, als Hobbyraum des sammlungswütigen, aber immer auf Recht und Ordnung und Anstand bedachten Ehemanns: Liebevoll dekoriert, präpariert finden sich dort auch die üblichen weiblichen Jagd- und Erfolgstrophäen. Die Burg aus Stein als Bastion patriarchalischen Denkens, so jedenfalls imaginieren viele verschiedene Autoren der Moderne, wie zum Beispiel Anatole France, Henri de Régnier, Joris-Karl Huysmans, Charles Regnier und Béla Balazs, der Librettist von Béla Bartóks Oper *Herzog Blaubarts Burg* (1918), das Szenarium. Eisern, lichtlos, viril sind dort die feucht-dunklen Gelasse, bevor Judith, die vorläufig letzte Braut, anrührende Rettungsversuche unternimmt, Helligkeit, Wärme und Licht in das Gemäuer zu bringen und den Spuk der verschlossenen sieben Türen zu bannen. Selbstredend werden diese Versuche vergeblich sein. Am Ende erscheinen zwar die eingekerkerten Vorgängerinnen, doch statt Befreiung und Erlösung zu bewirken, gerät nun auch Judith in den Bann von Blaubarts Gesetz. Behängt mit den Insignien seines Reichtums und seiner Macht, bricht sie während seines delirierenden Begleitgesangs zusammen.

> „Du bist die schönste Frau *gewesen* [...]
> Und jetzt wird für immer Nacht sein ...
> Nacht, Nacht ..."

Blaubart, der König der Nacht, verwandelt als ein mystisch überhöhter und gestylter anderer Innstetten alle Lebendigkeit um sich in Sterilität, saugt das Mark ihres Lebens aus den Frauen. Verehelichung scheint hier als Beginn einer Verelendungsserie, als Wiederholungsangebot, als Leporello-Band der Addition von Tötungsreflexen. Blaubarts bauen auf Stein, ihre Festungen sind dauerhafte Gebilde. Kolossalische, piranesiartige, repräsentative Folterkeller und eine verquere Mischung aus Laboratorium, Fließband und Magazin. Blaubarts sind keine spontanen Anarchisten, sondern systematische Sadisten. Blaubarts sind Inkarnationen moderner, technokratisch orientierter Ehephilosophie. Dies muß auch den renommierten Literaturwissenschaftler George Steiner dazu bewogen haben, einen seiner kulturkritischen Essays über das 19. Jahrhundert mit dem Titel *In Blaubarts Burg* zu versehen, wobei er sich explizit auf Bartóks Oper bezieht.

Das wohlzelebrierte Schlachtfest der Frauen gibt sich hier als Chiffre für den gesamten Kulturbetrieb der Moderne, entblößt in beklemmender Selbstenthüllung den Kern des phallokratischen Systems als destruktiv, unmenschlich und unkontrollierbar. Und es ist schon aufschlußreich, daß einer der Repräsentanten dieses Systems solche Aussagen gerade mit Blick auf die Folterkeller von Blaubarts Burg tut. Es ist, als wolle er Ingeborg Bachmanns präfeministische These bestätigen, wonach das patriarchalische Denken sich als Systemdenken, als Denken in „Fallstudien" verkörpert, innerhalb dessen die Wissenschaft Modell einer Lebensform ist, die exemplarisch am Individuum vorbeizielt oder es wie eine Waffe durchdringt. Da nimmt es nicht weiter wunder, daß der Professor Steiner noch 1972 Sätze kreiert und imaginiert wie: „In ihrer größten Mehrheit sind die menschlichen Lebensläufe nichts als ein Übergang vom Zucken domestizierten Beischlafs zur Vergessenheit." Daß durch diese dubiosen Gedankensplitterhalden dann odiose Schatten- und Spukfiguren wie Blaubart geistern, ist fast zwingend. Als Pate der Verwandlung von erotischer Lust (zum Beispiel des Don Juan) in todbringende Aggressivität und als Kronzeuge und Chefideologe einer Haltung, die all dies durch den Anspruch auf Wissenschaftlichkeit und Erkenntnisdrang faustisch zu verklären versucht.

Dieses Buch möchte versuchen, einigen Grundmustern und -elementen im Umgang mit einer solchen Grammatik der Sexualität nachzuspüren bzw. spezifische Situationen als Indikatoren für kulturelle Bedürfnisse, Defizite und Wünsche zu inspizieren. Vollständigkeit konnte nicht das Ziel dieses Essays sein. Allenfalls kontrollierte Unvollständigkeit war in Anbetracht der Fülle des Materials möglich. Für die engagierte Mitarbeit bei der Redaktion des Manuskripts möchte ich Sandra Hoffmann und Sebastian Wogenstein danken.

Tübingen 1998

Der Neinsager

Am Ende wird Don Juan auf jeden Fall bestraft. Weshalb und wofür? Vergewaltigung? Als ob er dies nötig hätte. Gotteslästerung? Mitten in der säkularisierten Aufklärung? Amoral? Worin bestünde die? Weshalb also? Ich denke, sein einziges und eigentliches Verbrechen besteht in einem Wort. Es heißt „NEIN!" Mozart hat diese Quintessenz der Totalverweigerung am Schluß seiner Oper am deutlichsten herausgearbeitet, wenn er, orchestral begleitet von wuchtigen, bedrohlichen Moll-Akkorden, Don Giovanni ein halbes Dutzend Mal hintereinander dieses Wort dem steinernen Gast entgegnen läßt. Dessen Angebot, Forderung: Unterwerfung und Reue. Don Giovannis Antwort: „No!" Eine Verweigerungshaltung, die sich nicht nur verbal, sondern in der zeitgenössischen Malerei auch körpersprachlich mitteilt. Der Commendatore schroff, pathetisch fordernd, Don Giovanni Juan arrogant, indifferent, unzugänglich, furchtfrei:

„COMMENDATORE	DER KOMTUR
Pentiti, cangia vita:	Bereue, ändere dein Leben:
E l'ultimo momento!	es ist der letzte Augenblick.
DON GIOVANNI	DON GIOVANNI
No, no, ch'io non mi pento;	Nein, nein, ich bereue nicht;
vanne lontan da me.	entferne dich von mir.
COMMENDATORE	DER KOMTUR
Pentiti, scellerato!	Bereue, Verruchter.
DON GIOVANNI	DON GIOVANNI
No, vecchio infatuato!	Nein, alberner Alter!
COMMENDATORE	DER KOMTUR
Pentiti!	Bereue!
DON GIOVANNI	DON GIOVANNI
No!	Nein!

COMMENDATORE E LEPORELLO	DER KOMTUR UND LEPORELLO
Sì!	Doch!
DON GIOVANNI	DON GIOVANNI
No!" (II, 15)	Nein!

Nicht so sehr die Summe seiner moralischen Delikte als diese Haltung zu seiner moralischen Unzugänglichkeit ist es, die Don Giovanni zum Skandalon der Aufklärung werden läßt: In der gesamten Literatur der Zeit gibt es zwar Schufte, Verbrecher und sündhafte Frevler als Protagonisten en masse, aber nicht einen, der am Ende nicht wenigstens den Gestus von Reue zeigen würde. Selbst Voltaire wird auf dem Totenbett beichten. William Lowell, Emilias Prinz und Saras Mellefont, alle werden sie bereuen, verrückt oder geächtet werden. Allein Don Juan zeigt sich den Angeboten der bürgerlichen Moral gegenüber unanfechtbar. Im Gegenteil: die bürgerlichen Opfer sind ihm in der Regel nicht gewachsen. Dies betrifft die Männer, die wie Don Ottavio in ohnmächtigen Rachephantasien delirieren, sich wie der Commendatore auf für sie unglücklich endende Duelle einlassen oder wie der höchst unsauber paktierende und partizipierende Leporello, der allenfalls noch seine Haut zu retten vermag. Die Frauen überleben zwar, doch auch sie zeigen spürbar Wirkung: ebenso geläutert wie trübsinnig Elvira, latent abstinent Donna Anna, total korrupt Zerlina – aller Verteidigungsreden Adornos zum Trotz. Von Straf- und Rachephantasien durchdrungen – jedoch wie gelähmt, wenn es um deren Realisierung zu tun ist. Würde da nicht auf den Krücken der Theatermechanik der steinerne Gast angekarrt, Don Giovanni wäre der große Triumphator. Fürwahr ein Trauerspiel des Bürgertums.

Das kaum kaschierte Debakel der moralischen Majorität, das bereits bei Mozart und den Romantikern zu spüren ist, mußte die Attraktivität der Geschichte für alle Vertreter einer Poetik des L'art pour l'art steigern. Don Giovanni wird eine Kultfigur der Décadents und Poètes maudits. Seine „Fehler" in den Augen herkömmlicher Kritik mutieren zu Tugenden – Renaissance-Tugenden hätte Nietzsche gesagt. So begleitet Baudelaire in seinen *Blumen des Bösen* den überirdisch Verfluchten auf seiner Höllenfahrt unterirdisch weiter und zeigt ihn auch dort noch im Triumph, was in Stefan Ge-

Don Juans letzter Gast – mit Noblesse in den Tod

orges Übersetzung besonders wirkungsvoll zum Ausdruck
kommt:

> „Als don Juan den Styx befahren sollte
> Und Charon seinen obolus bekam:
> Ein düstrer bettler dessen auge rollte
> Mit starkem rächer-arm die ruder nahm.
>
> Die frauen stöhnten unterm schwarzen himmel
> Die brüste schlaff die kleider aufgelöst.
> So wie von opfertieren ein gewimmel
> Das ein gedehntes brüllen von sich stösst.
>
> Mit lachen redet Sganarell vom lohne
> Indes don Luis den finger zitternd hielt.
> Er wies vor allen toten nach dem sohne
> Der frech mit einem greisen haupt gespielt.
>
> Es schien die keusche magere Elvire
> Den falschen gatten der ihr buhle war
> Zu bitten dass ihn noch ein lächeln ziere
> So süss wie in der ersten schwüre jahr.
>
> Ein mann aus stein in voller rüstung lenkte
> Das steuer und durchschnitt die schwarze flut –
> Der stille held jedoch aufs schwert sich senkte.
> Er hat dies alles nicht zu sehn geruht."

Baudelaires Szenarium radikalisiert das a-soziale Potential des Außenseitertums. Und es beinhaltet eine „Umwertung aller Werte",
insoweit der Ausgestoßene nun zur Idealfigur umgedeutet wird.
Väter, Diener, Geliebte, Gattin als lebende Appelle von Ordnung
(bzw. Unterordnung) und Gefühl (bzw. Sentimentalität) sehen sich
vom Protagonisten provokativ ignoriert und vom Poeten diffamiert. Die Haltung, die große Geste des radikalen Außenseitertums
hier – die Herde der Opfer dort. So zeichnet, ja monumentalisiert
der décadent sein provokatives Bild von Don Juan.

Die verdeckte Schmähung der „Opferherde", der moralinsauren
Bürgerklientel freilich beginnt nicht mit Baudelaire, sondern potentiell bereits bei Mozart. Dieser fährt einen faszinierend verwirren-
den Schlingerkurs zwischen verbalem Vernichtungsfeldzug gegen
Don Giovanni (auf der Ebene des Librettos) und dessen musikalischer Apotheose. Der Vergleich mit einer anderen erfolgreichen
Opernversion des Don Giovanni-Stoffes durch Gazzaniga (1787)
zeigt (bei annähernd identischem Libretto) die höchst ambivalente

artistische Deutungsleistung Mozarts kontrastiv. Dort ist der Höllensturz finale Pflichtübung, die stoisch-provokative Verweigerungshaltung des Protagonisten entfällt nahezu; allenfalls ein verlegen-zufälliges „no" anstelle der fulminanten Provokationsklimax bei Mozart findet sich. Im Zentrum steht ein fröhlich gestimmtes Wiederversöhnungsszenarium der Übriggebliebenen, die sich nach Ausschluß des Störfaktors Don Giovanni wiederfinden. Erst die entsprechende „Scena ultima" der Prager Fassung bei Mozart aber offenbart den tiefenpsychologischen Kern, dessen ganzes Dilemma in Donna Annas zögerlicher („Gewähre, oh Lieber, noch ein Jahr") und Donna Elviras resignativer („Ich gehe in ein Kloster") Gebärde zutage tritt. Zurück bleiben tief Verstörte. Im fahlen Licht des Morgens erkennen sie einander kaum wieder – Katzenjammer als moralischer Triumph. Die schematisierte Pflichtübung des Moralistensextetts am Ende übertönt den existentiellen Offenbarungseid nur notdürftig. Der Verführer ist verschwunden. Die Öde bleibt.

Oberflächlich schonender geht Gazzaniga mit dem Debakel des Siegs der Tugend um. Dort weiden sich tutti quanti im voyeuristischen Auskosten der überstandenen „Teufelsaustreibung" und genießen den Triumph unter dem Gedudel selbstfabrizierter volkstümlicher Musik:

> „lalala ... lalala ... lalala ...
> Che bellissima pazzia!
> Che stranissima armonia!
> Cosí allegri si va a star."

Operation „Exorzismus" gelungen, Patient Gesellschaft tot.

Giovannis Liste

Der Weg Don Juans/Don Giovannis ist von unüberbietbarer Direktheit und Eindeutigkeit; er funktioniert auf der Basis eines einzigen Programmpunkts, der den Sexualakt zur Grundlage und zum Zweck hat. Er kommuniziert, interagiert mit seiner Umwelt mittels eines Instruments, des Genitals. Phallokratie wird hier ganz wörtlich genommen und sehr unmittelbar ausgeübt. So auf den Kern einer Motivation reduziert ist sicher keine zweite Figur der Weltliteratur. Der Koitus als Quintessenz der Existenz, als deren alleinige

Motivation. Und zwar der Koitus – dies die zweite Besonderheit – mit jeder Frau ohne Unterschied und ohne Bedeutung außer der des Vollzugs selbst. Ästhetische Kriterien spielen dabei ebensowenig eine Rolle wie ethische oder psychologische: Da Pontes Registerarie umreißt dieses erotische Massenkonsumprogramm illusionslos:

„V'han fra queste contadine,	Darunter sind Bäuerinnen,
Cameriere e cittadine,	Zimmermädchen, Bürgerinnen,
V'han contesse, baronesse,	Gräfinnen, Baronessen,
Marchesane, principesse,	Markgräfinnen, Prinzessinnen,
E v'han donne d'ogni grado,	Frauen jeden Ranges,
D'ogni forma, d'ogni età.	jeder Gestalt und jeden Alters.
[...]	[...]
Delle vecchie fa conquista	Die Alten erobert er
Pel piacer di porle in lista;	wegen des Vergnügens, sie in die Liste einzureihen;
[...]	[...]
Non si picca se sia ricca,	Es kümmert ihn nicht, ob sie reich sei,
Se sia brutta, se sia bella:	ob sie häßlich, ob sie schön sei:
Purchè porti la gonnella,	wenn sie nur einen Rock trägt,
Voi sapete quel che fa." (I, 5)	Ihr wißt schon, was er tut.

Don Giovannis sexualrevolutionäres Konzept einer klassenlosen Kohabitation ist auf Wachstum ausgelegt: Sein eigentliches Ziel ist perfiderweise nicht so sehr der Geschlechtsverkehr selbst als dessen numerisch-statistische Erfassung, seine Aufarbeitung, seine Dokumentation in der Endlosstrichliste, die Verwandlung von Sex in Text und Statistik. Alter, Armut, Häßlichkeiten werden um der Zahlen willen billigend in Kauf genommen. Es wäre verfehlt, dies etwa als prärevolutionären Gestus der Überwindung von Klassengegensätzen, als Ansatz zu einer kollektiven Beglückung zu sehen. Don Giovanni ist Autist und Fetischist der Statistik weit mehr als der Frauen. Die *numerische* Erfassung und das Beschriften seiner aufgespießten Sammelstücke ist der wahre Zweck der Übung. Doch es ist keine der üblichen „Schönheitsgalerien" im Stil des 19. Jahrhunderts, die hier eröffnet werden. Kein leichtfüßiger Frauenheld versucht hier das Bild seiner diversen Geliebten und Eroberungen nostalgisch zu konservieren. Man hört nichts von Portraits, Briefen oder Trophäen. Sein Interesse gilt alleine der Schrift: Name, Ort, Zeit, Nummer. Die Nächste.

Die materialistische Rigorosität und die buchhalterische Nüchternheit, die Don Juans Serienprinzip von dem anderer zeitgenössischer Libertins unterscheidet, zeigt ein Blick auf einen repräsentativen Vertreter dieses Typus wie den Prinzen in Lessings *Emilia Galotti*, der gleich am Anfang des Dramas das Portrait der neuzuerobernden Bürgertochter adoriert. Die besondere Individualität ihrer reinen, unschuldigen Erscheinung übt auf den verwöhnten Routinier von Liebes- und Machtspielen einen besonderen Reiz aus; hierin vergleichbar Mozarts Verführer, der sich ebenfalls der Verführung kindlicher Unschuld, der „giovin principante", bevorzugt widmet, unterscheiden sich beide Sammler im Stil ihres Vorgehens. So zeichnet Lessing das Bild einer ebenso verdeckten wie erbarmungslosen Menschenjagd, die das Opfer in die Verzweiflung und den Selbstmord treibt. Selbst der Täter wird am Ende Reue zeigen und versuchen, seine Schuld zu tilgen. Don Giovanni hingegen hat keine Skrupel und kennt keine Schuldgefühle. Mozart/Da Pontes Protagonist stellt sich keinen Augenblick auf die Psyche eines einzelnen Wesens ein, ihn interessieren weder Elvira noch Zerlina noch auch Donna Anna als Individuen. Ihn interessieren allein Zahlen. Deshalb sind sentimentale Tarnungen überflüssig. Sein Interesse gilt voll und ganz dem Prinzip der Serie, des Fließbandes. Gräfin Orsinas verbittertes: – – „und dann wieder eine? – Und wieder eine" (IV, 7) beschreibt den Typus bereits zutreffend. Erst Don Giovanni aber wird diese Haltung konsequent weiterführen, von Gefühlen befreien und ästhetisch gestalten; die Sucht nach systematischer Bewältigung und typologischer Fixierung auch zentraler Lebensbereiche bricht sich ihre Bahn und mündet in eine Logik des Vorgehens jenseits aller moralischer Kategorien.

Die mentalitätsgeschichtlichen Quellen einer solchen Buchhaltung der Erotik zu bestimmen, ist nicht einfach. Sicher ist, daß das 18. Jahrhundert den theoretisch-philosophischen und soziokulturellen Rahmen zu neuen Konzeptionen der Liebe lieferte. Klammert man die Neuordnung der sentimentalen Liebeskonzepte im Kontext der bürgerlichen Tugendlehren zunächst aus, so bleibt ein Szenarium, in dem der Name des Marquis de Sade allenfalls einen besonders klar konturierten Baustein einer weit breiteren Tendenz zur kollektiven Luststeigerung darstellt. Sein provokatives Diktum, wonach „*das* Element der Philosophie der Geschlechtsgenuß" sei (*Justine* I), ist Echo und Reflex auf Schriften wie z.B. La Mettries *L'art de jouir* (1751), einer Art Apotheose des Geschlechtsakts, und anderer sensualistisch-materialistischer Philosophen der Zeit.

Auch der französische Hof dokumentierte die Thesen der Philosophen aufs eindrucksvollste. Allein die zweibändige Schilderung der Gebrüder Goncourt über die Maitressenwirtschaft Ludwigs XV. läßt Don Giovanni im Vergleich als sexuellen Normalverbraucher erscheinen. Im „Parc aux Cerfs", einem ausschließlich für den König geführten Bordell, etwa rechnet man mit einem Durchschnittsverbrauch von zwei Frauen pro Woche, was auf zehn Jahre hochgerechnet den donjuanesken Traumzahlen sehr nahe kommt. Wobei Don Giovanni, was die Praktiken betrifft, in Relation zu den Zeitgenossen fast harmlos erscheint. Die unter anderem von Marquis de Sade geschilderten Ausschweifungen scheinen, allen Aussagen nach, nicht nur dessen Phantasie entsprungen zu sein. Lange Listen von amtlichen Pariser Polizeiberichten sprechen eine deutliche Sprache in dieser Sache. Doch auch jenseits besonderer Spielarten der Sexualität gibt sich das 18. Jahrhundert als eine Epoche zu verstehen, in der eine rationalistische Systematik des Liebeslebens zum guten Ton gehört. Liebe begreift sich auch als „libertinage de la pensée", wobei der pornographische Diskurs in Literatur und Kunst eine geschmacksbildende Rolle spielt. Die einschlägigen Werke dieser Richtung von Voltaire und Crébillon fils, Mirabeau und Diderot, Laclos und Rétif, Casanova und Galiani sind Legion und werden (sehr zum Unterschied der Gepflogenheiten des 19. Jahrhunderts) nicht in die „Schmuddelecken" des Bewußtseins und der Buchhandlungen abgedrängt, sondern lustvoll konsumiert.

Der Ton, in dem man geschlechtliche Vorgänge verhandelt, ist dabei häufig der einer „Gebrauchsanweisung", wobei Kennerschaft und Professionalität gezeigt werden. Der Gestus des Experiments, der naturwissenschaftlichen Versuchsanordnung dominiert. Oder auch der des völlig unverbindlichen Spiels, des kalendarischen Registrierens, des Anlegens von Listen. So etwa verzeichnet Rétif de la Bretonne in *Monsieur Nicolas* (1794–1797) akribisch Tag für Tag Namen und Besonderheiten aller Frauen, deren Bekanntschaft er machte bzw. die er schwängerte. Retif, Casanova, de Sade, A. v. Tilly sind freilich nur einige Vertreter des Typus eines auf Erfolgslisten und Trophäen zielenden Frauenjägers, der sich häufig in Memoirenwerken zu verewigen suchte.

Don Giovanni als zeittypischer Vertreter dieser Gattung ist „gran bestia" und „galantuomo" zugleich, Gourmand und Gourmet seiner Lust, wie Leporello detailliert zu berichten weiß, wenn er die Erfolgszahlen, aber auch die besonderen Präferenzen seines Herrn rekapituliert. So werden Blondinen wegen ihres angenehmen, freundlich unkomplizierten Wesens („gentilezza") geschätzt; der hellhäutige Typus erfreut sich Don Giovannis Gunst aufgrund seiner Süße („dolcezza"), während die brünette Variante durch zuverlässige Belastbarkeit („costanza") besticht. Auch scheint es zu den bewährten Konsumgewohnheiten des Genießers zu gehören, im Winter eher fette („la grassotta"), an heißen Sommertagen hingegen eher leichte Sexualkost („la magrotta") zu sich zu nehmen. „Passion predominante", bevorzugte Delikatesse des „appétit sexuel" freilich ist die „giovin principiante", wohingegen ältere Damen ausschließlich um des Reizes der Statistiksteigerung willen in den Genuß der Zuwendung des erotomanischen Zahlenfetischisten kommen.

Es ist aufschlußreich zu sehen, daß der Erotikexperte Da Ponte, seinerseits selbst zur Spezies der libertinistischen Frauenjäger zählend, in Zusammenarbeit mit Mozart aller Bequemlichkeit des Textdiebstahls vom Libretto-Vorgänger Giovanni Bertati zum Trotz sich die Mühe macht, exakt diese Teile der Registerarie eigenständig auszuformulieren. Bertati nämlich hatte sich mit einer bloßen Aufzählung der Eroberungen begnügt, während Da Ponte den Aspekt der connaisseurhaften Raffinesse der verbalen Entfaltung für sich entdeckt.

Leporello, der Diener, agiert dabei als Archivar der Lüste seines Herrn aus einer einigermaßen paradoxen Situation heraus; was seine Aufgabe besonders heikel macht, ist die Tatsache, daß er in Absenz Don Giovannis mit dessen tiefenttäuschter Ehefrau, Donna Elvira, umgehen muß. Die Rolle als Lückenbüßer und Doppelagent spiegelt die Ambivalenz seiner Lebensform bildhaft wider: Gespalten zwischen moralischer Entrüstung und aktiver Mittäterschaft, Empörung und Neid, Mitleid und Sadismus, ist jede seiner Handlungen und Äußerungen doppeldeutig. Wenn Donna Elvira ihren Ehemann als „mostro, fellon, nido d'inganni" schmäht, teilt er innerlich ihr Urteil, was ihn freilich nicht daran hindert, ihr bei nächster Gelegenheit einen moralischen Tiefschlag der besonderen Art zu versetzen. Diese nächste Gelegenheit kommt umgehend: ihr Dokument – die „Registerarie". Sein „Trost" – der Hinweis auf die „Liste" und die Tatsache, daß sie weder die erste noch die letzte Betrogene sei:

23

„LEPORELLO	LEPORELLO
Eh consolatevi;	Ach! tröstet Euch,
Non siete voi, non foste, e non sarete	Ihr seid, wart, werdet weder
Né la prima, né l'ultima; guardate:	die erste noch die letzte sein. Seht
Questo non picciol libro è tutto pieno	dies nicht kleine Buch: es ist ganz voll
Dei nomi di sue belle;	von den Namen seiner Schönen;
Ogni villa, ogni borgo, ogni paese	jedes Haus, jede Stadt, jedes Land
é testimon di sue donnesche	ist Zeuge seiner Liebestaten.
imprese. [...]" (I, 5)	

Es folgt die Prozedur der für ihn lustvollen, für Donna Elvira qual-
vollen Lektüre der „donnesche imprese" des Herrn und Gatten mit
all den erwähnten Feinheiten und Gemeinheiten. Feinheiten und
Gemeinheiten, auf deren szenische Illustration Mozart/Da Ponte
überraschenderweise fast völlig verzichten, während das Vorläufer-
team Gazzaniga/Bertati auf die Darstellung der Psychofolter Elviras großen Wert gelegt hatte. Nicht weniger als viermal muß die
Gequälte dort den lesesüchtigen Diener förmlich anschreien, sie vor
weiterer Lektüre zu verschonen. Mozarts Leporello legt seine ganze
Bosheit in die Gestaltung der Liste selbst. Wenn er abgeht, weiß er
genau, was er im Innern seiner Adressatin angerichtet hat. Man mag
es Wiederherstellung der Ordnung nennen oder aktivierten Sexualneid im Gewand der Tugend, verletztes Gefühl oder passioniertes
Rachebedürfnis: Von diesem Moment an wird Donna Elvira in der
Art eines personifizierten Coitus interruptus interagieren. Mozarts
Don Giovanni ist diejenige Version des Stoffes, in der der Protagonist, aller Sexranking-Ambition zum Trotz, absolut erfolglos bleiben wird. Die Frauen treten als Aktivistinnen der feministischen
Position nahezu kollektiv auf den Plan. Es formiert sich ein regel-
rechtes Netzwerk rachsüchtiger antilibertinistischer Erinnyen, wobei Donna Elvira und Donna Anna dominante Rollen zukommen,
andere wie Zerlina eine eher mitläuferische Funktion einnehmen.

Auch hier freilich geht es unter der Maske der Gesinnung um Sexualität bzw., noch konkreter, um systematische Verhinderung des
Sexualakts. Die Choreographie der Oper läßt sich als Unterbre-
chungs-Szenarium der virtuosesten Art beschreiben – ein Merkmal
bürgerlicher Dramaturgie, das sich bis in die Boulevardstücke des
19. und die Serien des 20. Jahrhunderts fortsetzen wird. Dramatur-
gische Klimax und sexuelle Antiklimax koinzidieren auffällig häufig: Don Giovannis Niederlagen markieren emotionale Höhe-

punkte im Dasein seiner sonst tristen Umgebung. Seine Vitalität zu bekämpfen ist deren lustvollste Lebensäußerung. Rachephantasien und praktische Rache am Außenseiter schaffen eine Art von Selbst-Bewußtsein und kollektivem Empfinden nach innen.

Giovannis Listen

Abrupt wird die erste Umarmung Don Giovannis und Zerlinas im Lustschloß unterbrochen. Donna Elviras Wutschrei „Fermati scellerato!" („bleib stehen, Verbrecher!") fährt in das schmelzende Duettino, dessen „andiam, andiam..." die Hingabe diskret begleitet, und zerbricht die elegante erotische Verführungsidylle. Auftakt eines sich steigernden Rache- und Rettungsspektakels. Don Giovannis Priorität, noch immer und noch immer ungebrochen: „la mia lista". Bis zum nächsten Morgen will er die Zahl seiner Opfer um nicht weniger als zehn (I, 15) Stück erweitert haben. Die Priorität des Tugendkollektivs: exakt dies zu verhindern; der Jäger wird zum Gejagten. Und die lustverhindernden Jagdgelüste der Meute legen verschüttete Emotionen frei: „Qual", „Wut" „Abscheu", „Verachtung", „Haß", „Rache", „Horror" – die Skala der Ersatzaffekte ist breitgestreut, und alle können daran verbal partizipieren. Und sei es nur darum, um die eigene moralische Integrität glaubhaft zu inszenieren.

Die Ambivalenz der Gefühle spiegelt sich am deutlichsten und zwielichtigsten in Donna Anna. Ihre Geschichte ruft nicht nur die anderen Dramatis personae einschließlich des notorisch zurückhaltenden, aber volltönenden Don Ottavio auf den Plan, sondern auch eine Schar der Interpreten, Kommentatoren und Analytiker, die der Fall Anna immer neu bewegt. Die Situation ist aufgeheizt. Gerade noch konnte Donna Elvira das unschuldige Landmädchen Zerlina vor dem Übergriff des Monsters Don Giovanni im letzten Augenblick in Sicherheit bringen, schon werden die voyeuristischen Sinne ein weiteres Mal bewegt.

Die letzten Worte Don Giovannis während der dramatischen Befreiungsaktion Zerlinas, genauer, seine Stimme, lassen Donna Annas eigene Erfahrung im Zusammenhang mit dem Vergewaltigungsversuch am Anfang der Oper nun in einem neuen Licht erscheinen. Der in einen Mantel gehüllte Don Giovanni habe, so Donna Anna, sie seinerzeit spät in der Nacht alleine in ihrem Zimmer überrascht, wortlos umklammert und zu vergewaltigen versucht, wogegen sie sich mit großer Kraft vehement gewehrt habe, bis dieser gezwungen war, von ihr abzulassen und zu fliehen. Der tragische weitere Fortgang der Geschichte, der Mord am verfolgenden Vater ist bekannt.

Nicht bekannt und eben deshalb seit mehr als einem Jahrhundert die Gemüter der (ausnahmslos männlichen) Interpreten erhitzend ist die Frage, was es mit der Beziehung Don Giovanni – Donna Anna tatsächlich auf sich habe. Noch 1981 resümiert Attila Csampai nicht ohne gute Gründe die Diskussion wie folgt: „Wenn man die nun bald zweihundertjährige Wirkungsgeschichte des Mozartschen *Don Giovanni* in einem Satz zusammenfassen wollte, so müßte man auf jenen Satz zurückgreifen, den Walter Felsenstein im Jahre 1966 provozierend an den Anfang eines Programmheftartikels stellte: ‚Was geschah in Donna Annas Zimmer zwischen ihr und Don Giovanni?‘" Er traf mit dieser etwas verkürzt erscheinenden Feststellung bedauerlicher- und aufschlußreicherweise tatsächlich eine der Grundfragen der gesamten Rezeptionsgeschichte. Denn spätestens seit E. T. A. Hoffmanns Novelle, der die heikle Frage als erster 1813 aufwarf, kreist alles Interesse um diesen Aspekt, der die Phantasie offenkundig besonders animierte. Ganz so als ob die Antwort auf die Frage „was geschah?" und „geschah es?" die Lösung aller weiteren Probleme nach sich ziehen würde. Noch Schnitzler entfachte den wütendsten Aufruhr im Publikum des Reigen durch den bloßen Verzicht auf eine explizite Antwort und die ominösen Gedankenstriche an dieser Stelle.

„Ohimè, respiro": Don Ottavio, der Bräutigam Annas, atmet fast erleichtert auf, als diese davon berichtet, daß es ihr gelungen sei, sich durch kraftvolles „Drehen, Winden und Biegen" aus Don Giovannis Umklammerung zu lösen. Der Rest ihrer dramatischen Darstellung, Hilfeschreie, Flucht, Verfolgung, Mord, beschäftigt den Gatten in spe vergleichsweise weniger. Im Gegenteil, unmittelbar im Anschluß an Donna Annas vehement vorgetragenen Aufruf zur Vergeltung begnügt sich der blockierte Racheengel mit einem trockenen Rezitativ, in dem er seine Absicht kundtut, erst in aller Ruhe prüfen zu wollen, ob der Verdacht gegen den „Cavaliero" zutreffe, und ihn, wenn möglich, zu entkräften. Und doch hätte er allen Grund, sich nicht mit der vermutlichen Bewahrung der körperlichen „Unschuld" oder „Schuld" Annas oder Don Giovannis zu begnügen. Denn etwas Entscheidendes, Irreversibles *ist* in dem Zimmer vorgefallen, ganz gleich, ob es zum Sexualakt kam oder nicht.

Die Annahme, Giovanni hätte Anna „besessen", führt auf eine falsche Spur. Ohne Zweifel hat das „Erlebnis" Giovanni einen bislang streng tabuisierten Bereich in ihr berührt. Die Tochter des Komturs kann nur als ein nach strengen spanisch-katholischen Adelssitten erzogenes Mädchen angenommen werden. Nach dem frühen Verlust der Mutter lebte sie mit ihrem Vater in engem Einvernehmen. Ottavio ist vermutlich der erste Mann, dessen tiefe, ernste, beharrliche Liebe sie kennenlernt. Auch der Vater begrüßt die Verbindung mit dem in jeder Hinsicht vorbildlichen, vornehmen und charakterfesten jungen Edelmann, und nach einer angemessen langen Verlobungszeit steht die Vermählung unmittelbar bevor. In diese gesicherte Empfindungswelt bricht das Erlebnis Don Giovanni ein.

Felsensteins Versuch einer soziologischen Begründung und Situierung des Zusammentreffens mit Don Giovanni mündet in eine im Stil etwas emphatische, im Kern jedoch nicht unzutreffende Vermutung:

> „Zugleich mit ihrer entsetzten Angst wird sie von einem nie gekannten, ungeheuren Gefühl erfaßt, dem sie sich nicht zu widersetzen vermag. [...] Ihr erster Schrei ist weniger Hilferuf als Ausdruck des Überwältigtseins [...]. Vater, Ottavio, Heirat sind vergessen [...]. Sie ist fast von Sinnen, aber Hingabe an einen, der nicht gekannt sein will: das wäre Degradation zur Dirne."

Im weiteren ist noch von „leidenschaftlicher Erregung" und „furchtbarem Konflikt" die Rede – alles in der Absicht, die psychische Verfassung Annas zu rekonstruieren. Dennoch bleibt unklar, was den Interpreten dazu verführt, sich legitimiert zu sehen, alle verdeckten Empfindungen der Figur so tendenziell zu vereindeutigen, als wäre es nicht genug, sich mit ihren Ängsten, dem Schock, der Panik auseinanderzusetzen. Statt dessen wird fahrlässig mit Begrifflichkeiten wie „Überwältigtsein", „Dirnenhaftigkeit" und sexueller Erlösungsbedürftigkeit operiert und aus einer Beinahe-Vergewaltigung ein emotionales Faszinosum abgeleitet. Dabei ist Annas Situation auch ohne solche sexualpsychologische Überfrachtung komplex genug: Etwas Fremdes, Asoziales ist in ihre Welt eingedrungen. Etwas Triebhaftes, Undefiniertes. Sie flieht panisch, atemlos, erschreckt. Wieder denkt man an Lessings *Emilia,* die vor der flüsternden Verfolgerstimme des Prinzen ähnlich geschockt reagiert. Das Thema der verfolgten Unschuld gehört zu den bevorzugten Szenarien des 18. Jahrhunderts, vor allem weil es die Konfrontation aristokratisch-höfischer und bürgerlich-privater Lebens- und Liebeskonzeptionen gleichsam emblematisch klar verbildlicht. Anna gerät durch den Übergriff Don Giovannis symbolisch in den Schnittpunkt zweier divergierender Systeme. Die emotionalen Irritationen, die sich mit dieser Erfahrung verbinden, sind Alarmsignale des Körpers, der instinktiv gegen die Bedrohung von Außen reagiert. Diese unbekannte Erfahrung läßt sich noch nicht benennen, noch gibt sie sich eindeutig zu erkennen.

Vermummung und Maske und die Weigerung, den Namen zu nennen, sind mehr als nur Requisiten eines listigen Verkleidungsspiels. Es sind unverzichtbare Elemente einer Strategie der Anonymisierung von Verführung. Jedermann ist hinter der Maske des Eindringlings zu vermuten, und seine schweigende, unbestimmbare Präsenz als erotisch unwiderstehlich zu interpretieren und daraus wiederum die Unnötigkeit von Vergewaltigung abzuleiten ist in der Tat einigermaßen befremdend und wohl eher der Ausdruck von Wunschvorstellungen der Interpreten als der Realität des Schauspiels selbst.

Mozart / Da Ponte gestalten ein weniger schwärmerisches Szenarium: dem Versuch einer anonymen Vergewaltigung folgt der Mord. Unmittelbar im Anschluß daran erleben wir den Sexmaniac bei weiteren Vergnügungsversuchen, die in ihrer Intensität im Fall Zerlinas beträchtliche kriminelle Energie verraten. De- und Entmaskierungsvorgänge spielen bei allen diesen überfallartigen Eroberungsversuchen eine zentrale Rolle. Giovanni bringt keineswegs immer seine vermeintlich unwiderstehliche Verführerpersönlichkeit ein, sondern bedient sich im Gegenteil fast stets anderer Camouflagen, um seine adorierte Liste zu erweitern. Nicht seine individuelle Überzeugungskraft wird in den dazu arrangierten Situationen ausgespielt, vielmehr versucht sich der Serientäter aller möglichen fingierten Identitäten und Nichtidentitäten zu bedienen, um ins Liebesspiel zu kommen. Verkappt, maskiert, in fremden Kleidern, nähert er sich seinen jeweiligen Opfern, und auch diese treten häufig bis zur Unerkennbarkeit verhüllt auf. Die eigene, eben verlassene Ehefrau wird in verschleiertem Zustand sofort neu umworben. Elvira, Anna und Ottavio beginnen ihren Rachefeldzug im Finale des I. Aktes hinter Masken vermummt, und sie werden sich an den Verführer herantasten, um sich im entscheidenden Moment zu enttarnen und zugleich Giovanni zu demaskieren (20. Szene). Diese dramatische Enthüllung wird den Protagonisten freilich nicht davon abhalten, sich bereits in der nächsten Szene, um seine Chancen bei Elviras Zofe zu steigern, wieder der Technik der Verkleidung, diesmal im Tausch mit Leporello zu bedienen. So kann er zum einen Voyeur eines fingierten und selbstinszenierten Rendezvous zwischen „sich" (gespielt vom Diener) und seiner eigenen Frau werden und zum anderen (in Gestalt seines Dieners) um die Gunst der Zofe werben. Zugleich öffnet die Verkleidung ihm die Möglichkeit, mit Masetto gegen sich selbst zu agitieren, also im Gewand des Dieners gegen den Herrn zu „revoltieren". Umgekehrt wird Leporello als Don Giovanni nicht nur die neuentflammte Zuneigung Donna Elviras erfahren, sondern auch um Haaresbreite zum Objekt des Rachetrios werden. Nur die Entlarvung im allerletzten Ausgenblick rettet ihn vor dem Tod:

„(Ottavio macht Miene, Leporello zu töten; dieser zeigt sein Gesicht und fällt auf die Knie.)

Leporello *(quasi piangendo)*

Perdon, perdono, signori miei:
quello io non sono, sbaglia costei…
Viver lasciatemi, per carità!

Leporello *(weinerlich)*

Verzeihung, Verzeihung,
Meine Herrschaften,
Ich bin es nicht,
sie irrt sich.
Laßt mich leben,
erbarmt euch." (II, 8)

Anonymität, Nicht-Identität und falsche bzw. doppelte Identität bestimmen so weitgehend den Umgang der Figuren miteinander. Nicht nur doppelbödig, sondern auch gesichtslos wird ihr Verkehr. Virtuelle Wirklichkeiten treten an die Stelle unmittelbarer Begegnungen, Experimente mit den Gefühlen des anderen dominieren gerade in Momenten scheinbar authentischen Empfindens. Die Verdoppelung der Figuren verweist zugleich auf die innere Brüchigkeit und Ambivalenz eindeutiger Weltbilder und Wirklichkeitsbezüge: Leporello wird als sozialer Paria und/oder als gefährlicher Mitläufer erkennbar; Donna Elvira wird als prinzipientreuer Racheengel und/oder als lustsuchende Sentimentale erfahrbar. Don Giovanni selbst scheint skrupelloser Verführer wie auch verspielter Kleinintrigant zu sein. Und keine Seite ist wahrer, ist verbindlicher als die jeweils entgegengesetzte. Nicht das „Entweder – oder" (Kierkegaard), sondern das „Sowohl – als auch" ist die dominierende Kunstform dieser Oper der ästhetisierten Ambivalenzen. Die musikalische Ästhetisierung, ja Verklärung der Ambivalenz umfaßt und erfaßt alle Figuren, auch solche, die nicht vollständig im Zentrum des Geschehens zu stehen scheinen. Zerlina bewegt sich ebenso im Zwischenraum (von Naivität und Raffinesse) wie Masetto oder Don Ottavio (der unentscheidbar zwischen Rachepathos und Zurückhaltung agiert). Dieses stände- und geschlechterübergreifende Prinzip einer strukturellen Doppeldeutigkeit ist für das Funktionieren der Oper von entscheidender Bedeutung. Die Oper amalgamiert Ebenen und Elemente, die vom bürgerlich normativen Bewußtsein im Regelfall voneinander separiert erscheinen.

Im Gegensatz dazu versuchen die weitgehend philosophischen Deutungsversuche des Don Giovanni-Stoffes aus dem 19. Jahrhundert das Werk genau an dieser, die gesellschaftliche Ordnung sprengenden Stelle zu entschärfen und Don Giovanni zu kastrieren. Kierkegaards Existenzphilosophie mit ihren drei Stadien des Synthetisierens von Gegensätzen in ästhetischer, ethischer und religiöser Hinsicht und den entsprechenden Metamorphosen der Begierde degradiert Don Giovanni zur Schaufensterpuppe in einer kuriosen Ideenauslage, irgendwo zwischen Cherubino: (ganz „ahnende Begierde", ideal, schwermütig) und Papageno: („suchende Begierde" und Idee der Heiterkeit). Ausgestattet mit dem Attribut „begehrender Begierde" und „an die Idee gebundener Sinnlichkeit" figuriert Don Juan als Inkarnation „des Dämonischen, das als das Sinnliche bestimmt ist."

Geradezu schwärmerisch entwirft der von Sexualneurosen gepeinigte, noch junge Philosoph sein sublimiertes und kompensatorisches Don Juan-Bild; Begehren, Verführung, Sinnlichkeit erscheinen als Ingredienzien einer verzweifelten Sehnsucht nach Ganzheit. Don Juan in ästhetisierter Don Giovanni-Gestalt wird zum Propheten dieser Lehre:

„Er sitzt zu Tische, heiter wie ein Gott schwingt er den Pokal [...]. Es ist lebenschwellende Munterkeit. [...] Er begehrt sinnlich, er verführt durch die dämonische Macht der Sinnlichkeit, er verführt alle. [...] Sieh, da steht er im Waldschatten, er lehnt sich an einen Baum, er begleitet sich auf einer Gitarre, und sieh, dort

verschwindet ein junges Mädchen zwischen den Bäumen, geängstigt wie ein auf-
gescheuchtes Wild, aber er hat keine Eile, er weiß, sie sucht ihn; [...] wie der
Blitz aus dem Dunkel der Wetterwolke sich löst, so bricht er hervor aus der Tiefe
des Ernstes, schneller als die Geschwindigkeit des Blitzes, unsteter als dieser und
doch ebenso taktfest; höre, wie er sich in die Mannigfaltigkeit des Lebens hinab-
stürzt, wie er an dessen festem Damm sich bricht, höre diese leichten tanzenden
Geigentöne, höre den Wink der Freude, höre den Jubel der Lust, höre des Genusses festliche Seligkeit; höre seine wilde Flucht, an sich selber eilt er vorüber,
immer schneller, immer unaufhaltsamer, höre der Leidenschaft zügelloses Begehren, höre das Rauschen der Liebe, höre das Raunen der Versuchung, höre den
Wirbel der Verführung, höre des Augenblicks Stille – höre, höre, höre *Mozarts
Don Juan!"*

Eine Geschichte ist zum Mythos geworden und dieser zum System.
Die banale Story vom Serienverführer hat endgültig die literarische
Bodenhaftung verloren und entschwebt, philosophisch-poetisch
verklärt, in diffuse Bereiche erotischer Männerphantasien. Da duk-
ken sich erschauernde Mädchenleiber im Dickicht, süchtig den
Blick auf den Jäger geheftet, während dieser fulminant, zielsicher
und „taktfest" (sic!) als Naturgewalt über sie hereinbricht. Dieses
nicht nur interpretatorische, sondern vor allem sozialpsychologische Unheil hat einen Namen. Freilich nicht, wie Kierkegaard vorgibt, den Mozarts, sondern den E. T. A. Hoffmanns.
    Hier zuerst wird die rezeptionsgeschichtlich entscheidende Wei-
che gestellt, und auch hier läuft die Interpretation über Mozarts
Oper. Die Musik wird, wie bei Kierkegaard, zum erotisierenden
Narkotikum ihrer Konsumenten. Es ist hierbei nicht nur um ken-
nerhaften oder auch opulenten Kunstgenuß zu tun. Die Kunst wird
vielmehr zur Einstiegsdroge in künstliche Paradiese der besonderen
Art, und aus dem paradoxen Verwirrspiel der Maskerade lösen sich
die Umrisse zweier Figuren überdimensioniert heraus – Don Juan
und Donna Anna. Hoffmanns enthusiasmische Erzählung läßt die
Episode, um die die Interpreten des 19. Jahrhunderts so manisch
kreisen, in einem neuen Licht erscheinen: Die versuchte Vergewaltigung verwandelt sich in einen ekstatischen Liebesakt; denn:

„ – Nicht gerettet wurde sie! Als er hinaus floh, war die Tat geschehen. Das Feuer
einer übermenschlichen Sinnlichkeit, Glut aus der Hölle, durchströmte ihr In-
nerstes und machte jeden Widerstand vergeblich. Nur *Er,* nur Don Juan konnte
den wollüstigen Wahnsinn in ihr entzünden, mit dem sie ihn umfing [...]. Als er
nach vollendeter Tat entfliehen wollte, da umschlang, wie ein gräßliches, giftigen
Tod sprühendes Ungeheuer, sie der Gedanke ihres Verderbens mit folternden
Qualen."

Der Opernenthusiast in E. T. A. Hoffmanns Erzählung *Don Juan* vermittelt eine ebenso suggestive wie abwegige Lesart, die jedoch Karriere machen sollte. Satanismus und Venusberg-Metaphorik dienen der erotischen Nobilitierung eines sadistischen Überfalls mit schäbigem Ausgang.

Die „Kunst der Klapperschlange" und „Satans geweihte Braut"

Die neue Situation wird von neuen Figuren geprägt, die allerdings mehr an eine vorweggenommene Wagnerparodie als an den eigentlichen Bezugspunkt, Mozart/Da Pontes Oper erinnern. Don Juan erscheint nun in göttlicher Gestalt mit satanischem Einschlag, von „durchbohrende[n] Augen" und dem „sonderbaren Spiel eines Stirnmuskels über den Augenbrauen" ist die Rede, von mephistophelischer Physiognomie, die „einen unwillkürlichen Schauer" erregt. Eine Deutungslinie, die sich in ihrer Polarität zwischen Lichtgestalt und Satanismus bis zu den berühmten Don Giovanni-Gemälden von Max Slevogt verfolgen läßt. Es ist, als könne er die magische Kunst der Klapperschlange üben. Passend hierzu erscheint Donna Anna – als einzige unter den Frauen herausgehoben – nun als sinnlich verführerische Frau, als „göttliches Weib", trunken von ekstatischer Leidenschaft, als eine geweihte „Satansbraut". Der Erotomane als Erlöser aller „Fabrikarbeiter" des Daseins aus den Alltagsfrustrationen, als Heilsbringer der Liebe und des Lebens. Auch, vor allem, für Donna Anna.

Um dieses Moment suggestiv zu vermitteln, errichtet Hoffmann ein komplexes Raum- und Erzählmodell, das auf der Grundlage artistisch-atmosphärischer Verkörperlichung wirkt. Das Theater, der Raum der Kunst, und das Hotel grenzen unmittelbar aneinander. Die Loge des Betrachters dazwischen figuriert als eine Art Membran zwischen den Welten, und der sensitive und sensible Betrachter wird zum Medium gesteigerter Wirklichkeitserfahrung, wobei Donna Anna eine entscheidende Vermittlungsrolle zukommt. Der „Glutstrom" ihrer erotischen Ausstrahlung bleibt dabei nicht nur auf den Bereich des Theaters beschränkt. Der Paarung mit Don Giovanni auf der Bühne folgt eine weitere, weitaus intensivere Begegnung mit dem Enthusiasten in der Loge, der, vom Operngesche-

Heroische Posen – Juan wird theatralisch

hen infiziert, in einen Zustand des „Somnambulism" gerät. Plötzlich, in der Pause, ein „zarter, warmer Hauch [...], das Knistern eines seidenen Gewandes", und hinter ihm, noch immer im Kostüm der Rolle, die Schauspielerin der Donna Anna. Auch sie erregt und erregend, ganz dem stillen Betrachter als ihrem eigentlichen Partner zugewandt: würdig, „Satans geweihte Braut" zu sein, wie es heißt.

Diese Fokussierung der komplexen Operntextur auf den Ausschnitt zweier monumentalisierter Individuen – Don Giovannis und Donna Annas – hat zur Folge, daß alle anderen Figuren um die beiden Giganten zu „Winzlingen" und „Nullen" degradiert werden. Der Erzähler schrumpft systematisch das Restpersonal auf und vor der Opernbühne. Don Ottavio verkümmert zum „zierliche[n], geputzte[n], geleckte[n] Männlein", die „lange, hagere Donna Elvira" wird zur „verblühte[n] Schönheit" degradiert; Leporello als geiler Schuft, der Comtur als seniler, „alter Papa", Masetto als „gutmütiger Tölpel" und schließlich Zerlina als „lüsterne" kleine Kokotte vervollständigen den Reigen der „Nullen, vor die, wenn sie gelten sollen, sich erst ein Zähler stellen muß". Der Zähler heißt Don Juan:

„Ein kräftiger, herrlicher Körper, eine Bildung, woraus der Funke hervorstrahlt [...]; ein tiefes Gemüt, ein schnell ergreifender Verstand".

Später, wenn der Theatergast zu mitternächtlicher Stunde die Tapetentür zur Bühne ein weiteres Mal öffnet und schaudernd eine Geistertheater-Vorstellung ganz ohne Realpräsenz von Schauspielern inhaliert, wird eine Art Theologie des erotischen Prinzips „Don Juan" entwickelt:

„Vom schönen Weibe zum schönern rastlos fliehend [...], bis zur zerstörenden Trunkenheit ihrer Reize mit der glühendsten Inbrunst genießend [...], immer hoffend, das Ideal endlicher Befriedigung zu finden".

Hoffmanns Erzähler versucht also, das Serien- und Additionsprinzip (das den Kern des Juanismus darstellt) ganz entscheidend umzudeuten und aus der willkürlichen, anonymen Aneinanderreihung eine auf ein ideales Ziel ausgerichtete unendliche Suchbewegung zu konstruieren. Der auf Perfektion zielende Grundgedanke, so der romantisierende Deutungsversuch, gewinnt eben aufgrund seines Unendlichkeitsanspruchs immer mehr an innerer Überzeugungskraft und wird zur Utopie. Don Juan erscheint als gefallener Engel, dessen Programm im Kern eine Negation alles Bestehenden beinhaltet: „Natur", „Schöpfer", „glückliche Liebe" und „bürgerliche Vereinigung" sind die Hauptangriffspunkte dieser Revolte im Dienst einer „Umwertung aller Werte":

> „Jede Verführung einer [im bürgerlichen Sinne] geliebten Braut, jedes [...] gestörte Glück der Liebenden ist ein herrlicher Triumph."

Ein Triumph nämlich über Ordnungsstrukturen und Wertmaßstäbe, die zumindest offiziell verbindlich gesetzt werden. So gesehen verwandelt sich das erotische Prinzip „Don Juan" in ein politisches. Die Kampfform dieser Revolution: der Beischlaf; ihre Waffe: der Phallus. Allerdings wird die Waffe hier, ganz im Gegensatz zu vulgärfeministisch getönten Vorstellungen, eben gerade nicht zum patriarchalen Machterhalt, sondern zum Sturz der Väter eingesetzt – die Attacke gegen Annas Vater zu Beginn und die Provokation seiner versteinerten Imago am Ende der Oper sind eindeutige Zeichen. In dieser Logik trifft zu, was der Erzähler, diese Auffassungen abschließend, so formuliert:

> „Annas Verführung mit den dabei eingetretenen Umständen ist die höchste Spitze, zu der er [Don Giovanni] sich erhebt."

Der illegitime, willkürliche, anonymisierte Sexualakt stellt sich deshalb als die äußerste Provokation der Gesellschaft dar, weil er – stellvertretend – alle Werte der so attackierten Gesellschaft verletzt: die Vorstellung der familialen Einbindung von Sexualität, den aufklärerischen Glauben an Ordnung auch und gerade im Bereich der Affekte und schließlich die Utopie der Individualität und Identität der Beziehung als idealistischem Traum. E. T. A. Hoffmanns Don Juan verstößt und sündigt gegen alle diese Tabus, indem er das Besondere zur Serie degradiert. Deshalb ist sein Don Juan der bisher gefährlichste – die Analogie zu Mephisto ist nicht zufällig. Ein Werte-Abgrund, den der Romantiker als erster in seiner Darstellung der Figur, ihres Prinzips auslotet, tut sich auf. Man blickt in diesen Abgrund, zelebriert den Schauer und – tritt einen Schritt zurück, die totale Grenzüberschreitung wird nicht vollzogen.

Denn nicht Don Juan ist letztlich die zentrale Kraft des Textes, sondern Donna Anna. Nicht seine phallische Revolte gegen die Welt der Väter wird verklärt (sie wird nur als solche erklärt), sondern Annas riskanter Versuch, sich dem Spannungsfeld dieser Affekte voll auszusetzen und sich selbst zugleich zu bewahren. Denn im gleichen Maß, wie das Prinzip Don Juan an seinen eigenen Konditionen zu scheitern beginnt, löst sie sich von dessen durch Macht und Gewalt definiertem Verhaltensmuster und tritt in ein anderes Zwischenreich ein. Die Schauspielerin verläßt den Raum der Bühne als den Raum der Repräsentation von Giovannis blinder Revolte und betritt den Raum der Zuschauerloge als den Ort einer weitaus subtileren, doch gleichfalls gegen bürgerliche Ordnungsstrukturen gerichteten Auflehnung. Indem sie sich mental dem Enthusiasten hingibt und mit diesem synästhetisch eins wird, trennen sich die Wege: hier Don Juan/Donna Anna – die Geschichte ihrer körperlichen Zerstörungserotik –, dort der Erzähler/Donna Anna und die Geschichte einer imaginierten Sublimations-Erotik.

Ein emotionaler Hochseilakt, der nur mit dem Absturz enden kann. Denn überall öffnen sich Abgründe: unerträglich das Verhältnis zu Don Giovanni, belanglos dasjenige zu Don Ottavio. Das Ganze in der Öde einer kleinbürgerlichen Konsum- und Nützlichkeitswelt situiert. Ein versöhnlicher Kompromiß sowohl mit der Seite der Moralisten wie auch mit der besserwisserischen Bildungs- oder Geldelite steht in keiner Phase zur Diskussion. Auch um moralische Belehrung oder Besserung ist es nicht zu tun: Eros – Schönheit – Tod lautet die prädekadente, präfreudianische Formel dieses ambivalenten, tiefenpsychologischen Erfahrungsprozesses. Für den Erzähler ist klar, was Mozart noch nicht einmal andeutet. Die Vereinigung mit Don Juan, ein sinnliches Erlebnis „höchsten Genusses", treibt Donna Anna in einen nicht aufzulösenden Widerspruch: nämlich „Satans geweihte (Sex)braut" zu bleiben (was mit ihren Bedürfnissen, nicht aber mit ihrer Biographie vereinbar wäre) oder die sterile Braut ihres „eiskalten" bürgerlichen Bräutigams zu werden (was zwar mit ihrer Biographie, nicht aber mit ihren sinnlichen Wünschen zusammentrifft). Keine der Alternativen ist für sie akzeptabel – ihr Tod ist die Konsequenz:

„Sie wird dieses Jahr nicht überstehen; Don Ottavio wird nie *die* umarmen, die ein (zu) frommes Gemüt davor rettete, des Satans geweihte Braut zu bleiben."

Dergleichen Konflikte durchlebten im Verlauf des 18. Jahrhunderts viele der großen Bühnentöchter, und alle entschieden sich (zumindest in den Gehirnen ihrer Autoren) mit beklemmender Selbstverständlichkeit in dieser Situation für den Tod – Emilia Galotti wird dazu das gesamte Inventar pseudorömischer Tugend windschief reaktivieren. Für Hoffmanns Donna Anna ist eine raffiniertere, perfidere Todesart vorgesehen. Ihr Exitus ist mit einer zumindest virtuellen erotischen Klimax für den kunstbegeisterten „Enthusiasten" verbunden. Während dieser sich im Geistertheater seiner Seele gedanklich von Eros zu Tod phantasiert und Annas Schicksal vorformuliert, beschert die Todgeweihte dem Voyeur noch en passant einen kaum verschlüsselten, fetischistisch getönten Orgasmus:

„Es schlägt zwei Uhr! – Ein warmer elektrischer Hauch gleitet über mich her – ich empfinde den leisen Geruch feinen italienischen Parfüms, der gestern zuerst mir die Nachbarin vermuten ließ; mich umfängt ein seliges Gefühl [...]. Die Luft streicht heftiger [...] – die Saiten [...] rauschen – Himmel! wie aus weiter Ferne [...], glaube ich Donna Annas Stimme zu hören."

Dann überwältigen den Beseligten „himmlischer Schmerz" und „unsäglichste Freude". Die Erzählung endet mit diesem nicht nur seelischen Höhepunkt. Nur ein Gespräch über die ekstatische Darbietung Donna Annas am nächsten Mittag wird noch nachgetragen, wo fast beiläufig mitgeteilt wird, daß die „Signora [...] heute morgens Punkt zwei Uhr gestorben" sei.

Im Vergleich hierzu erscheint die rüde List und die prahlerische Liste des Mozartschen Don Giovanni fast harmlos. Weit hintergründiger stellt sich nun die inszenierte synästhetische Verschmelzung von Defiziten, verqueren Mythologisierungen, dubiosen Sexualphantasien, asozialen Verdikten und verdoppeltem Tötungsakt dar. Don Giovanni hatte in Serie verführt, der Enthusiast tötet in Serie, wenngleich nur fiktiv. Nicht nur Donna Anna ist nach dem Verkehr mit Don Giovanni todgeweiht, auch die Schauspielerin der Donna Anna muß nach dem Vollzug des mentalen Höhepunkts mit dem verhinderten Verführer im Geiste sterben.

Bleibt zu fragen, ob sich hier nicht beklemmende Ängste, auch Potenzängste der nachrevolutionären Gesellschaft andeuten. Unfähig zur politischen wie zur erotischen Aktion (der Erzähler verbleibt im Grenzbereich seiner Beobachterloge), produziert die Wahrnehmung zunehmend sexuelle Kopfgeburten und virtuelle Sexualakte – fast ist man versucht, an die Möglichkeiten PC-gestützter Liebesspiele vorzudenken, die den Partner als Konstrukt vorführen und elektronisch optimierbar machen. Don Giovanni ging zumindest noch das volle Risiko der Konfrontation ein. Seinen Nachkostern wird eine Prise Duft, ein Seidenknistern genügen. Fast zwingend, daß überlebende Schauspielerinnen dann entbehrlich werden. Ihr Tod steigert sogar die Bedeutsamkeit der sublim-ästhetisierten Erfahrung. Hoffmanns Enthusiast ist ein Neurastheniker des Nachempfindens, der es gelernt hat, seinen Triebhaushalt ästhetisch zu stimulieren, ohne den Kokon seines sensorischen Apparats dem Risiko der Auseinandersetzung mit dem anderen auszusetzen. Die romantische Camouflage verdeckt nur notdürftig ein Dilemma der Entfremdung, dessen zugleich beneidete und verteufelte Schlüsselfigur ein übersteigerter Entwurf des Don Juan ist: Erotomane, Provokateur, Satan in einem, enthüllt er die Defizite und Sehnsüchte seiner Epoche wie keine andere Figur.

Doch auch Don Juan muß sterben; für das Enthüllen der gesellschaftlichen Mängel wird er mit dem symbolischen Bühnentod bestraft. Das Potential der von ihm katalysierten Sehnsüchte aber wird – künstlerisch und künstlich überformt und verwandelt – von den neuen Don Juans im Geiste der modernen Ästhetik des 19. Jahrhunderts übernommen. Deren „Donjuanismus" ist über Nerven, nicht Duelle, und über Imaginationen, nicht Eroberungen definiert. Denn, um es mit einem Paradox von Karl Kraus zu sagen, die Wahrnehmung der Wirklichkeit wird immer selektiver und fragmentarischer:

„Es gibt kein unglücklicheres Wesen unter der Sonne als einen Fetischisten, der sich nach dem Frauenschuh sehnt und mit einem ganzen Weib vorlieb nehmen muß."

Der Weg zu dieser Ästhetik der perzeptiven Zerstückelung von Individuen zum Zweck der Einheit der Empfindung hatte bei Tirso, Molière und Mozart begonnen – er tritt nun jedoch in ein neues Stadium der technischen Perfektion. Die alte Don Juan-Ästhetik hatte zwar stets die Austauschbarkeit des begehrten Sexualobjekts zur Voraussetzung, doch im Hintergrund stand jeweils das (bisweilen fingierte) Interesse an einer konkreten Person. In späteren Entwicklungsstadien tritt eine solche konkrete Erfahrung des anderen hinter das Phantom der Erscheinung des anderen zurück. Don Juans Libido konzentriert sich zusehends auf narzißtischen Selbstgenuß – getragen von titanischem Selbstwertgefühl. Ein fragwürdiges Dokument dieser Umschichtung ist Grabbes Megadrama *Don Juan und Faust* (1823), wo Männlichkeitswahnsinn in doppelter Gestalt Sexualität in Todeslust verwandelt:

> „… dein Liebchen starb vor wenig Tagen,
> Sie bat mich, dir noch einen Gruß zu sagen
> [...]
>
> DON JUAN
>
> Ich habe manches Weib mit starken Krallen
> Aufs Lager des Verlangens hingerissen
> Und fühlte nie was von Gewissensbissen,
> wenn sie aus meinem Bett ins Grab gefallen."

Eine fast beliebig aus Dutzenden von analogen Stellen herausgegriffene Aussage des tödlichen Liebhabers, der dennoch erstaunlicherweise im internen Sympathievergleich mit seinem genialischeren Kontrahenten Faust als klarer Sieger hervorgeht. Die verlassenen Frauen werden rasch zu Verblassenden, und Don Juan pflegt dies mehr als gelassen hinzunehmen. Sein Omnipotenzwahn gestattet kein Innehalten, im Gegenteil, der Tod der Frau ermöglicht ein noch rascheres Fortschreiten auf der erotischen Spur, die zusehends zur Blutspur wird:

> „[Ich] erreiche dich, und wenn ich über Leichen,
> Durch deines Vaters Blutstrom schreiten müßte." (IV,3)

Von einem „Herzeroberer", wie er sich gelegentlich tituliert, kann nur bei sehr metaphorischer Verwendung der Organbezeichnung die Rede sein. Nicht was den libidinösen, wohl aber was den letalen Verschleiß der Frauen betrifft, steht der Antagonist, der vermeintliche „Welteroberer" Faust dem Don ebenbürtig gegenüber; Besitz und Zerstörung sind dem Erkenntnissuchenden ein- und dasselbe und nach dem Motto:

> „ – was ich wünsche, muß ich haben, oder
> Ich schlags zu Trümmern" (IV,3)

verfährt er in theologischen, erkenntnistheoretischen wie auch erotischen Dingen. Durch die Doppelung Don Juan/Faust erhalten beide Prototypen eine zerstörerische Zusatzkomponente, die das latent bedrohliche Potential durch Rivalität steigert. Wer wie Donna Anna dazwischengerät, ist verloren. Fast im Nebenher wird sie vom Zauberer Faust getötet:

FAUST

„ – Nicht die Minute mehr
Seufz ich um dich, die ich mit einem Wort
Zertrümmern kann. – [...] Hassest du mich?

DONNA ANNA

Ja.

FAUST

Stirb!

DONNA ANNA

Weh mir – ich vergehe!
(Sie stirbt.)" (IV,3)

Sehr viel mehr als den Spielraum zu leiden, sich hinzugeben und
vernichtet zu werden, räumt der ein Leben lang zwischen Hybris
und Minderwertigkeitskomplexen pendelnde Autor seinen weiblichen Figuren nicht ein. Aufgebläht werden lediglich die gipfel-,
höllen- und liebesstürmenden Heroen, die sich als Systemzertrüm-
merer geben und doch nur Leben löschen. Der erotische Verfüh-
rungsreigen wird zur Haß- und Zerstörungsorgie, an Stelle des Orgasmus tritt der Exitus. Fehlgeleiteter Titanismus verdoppelte das
Aggressionspotential und reduzierte die Zahl und die Bedeutung
der (weiblichen) Liebesobjekte: Das erregende Spiel mit dem Eros
ist längst zum tödlichen Endspiel depraviert.

Hatte sich im 18. Jahrhundert das Gestaltungsinteresse an den
Frauen und an deren vielfältigen Reaktionsweisen festgemacht,
während Don Juan mehr oder weniger statisch geblieben war und
monströs in die verbürgerlichte Gesellschaft hineinragte, so ist zu
Beginn des 19. Jahrhunderts die Situation substanziell verändert.
Die Frauen erscheinen auf einen mehr oder weniger uniformen
Grundtypus reduziert, brav ihre erotischen Wünsche selbst zensie-
rend und dem Bräutigam/Vater letztlich ergeben, während das Szenarium der männlichen Traum- und Aktionswelten literarisch
phantasievoll entfaltet wird. Stendhals achthundertseitiges Kom-
pendium *De l'amour* aus den zwanziger Jahren stellt den Versuch
einer philosophisch-psychologischen Durchdringung des in der
nachaufklärerischen, nachrevolutionären, nachnapoleonischen Ära
entstandenen Gefühlsvakuums dar. Wie Grabbe, Hoffmann, Byron

und andere versucht auch er, Strategien der künstlichen Wiedererweckung des verlorenen Lebensgefühls zu erproben. Längst ist bürgerliche Alltagsnormalität, jenseits aller heroischen Attitüden, an die Stelle großer Erwartungen getreten. „Alles, was war, ist nicht mehr, was sein wird, noch nicht" – so der ernüchternde Befund dieser Schwellenzeit im problematischsten Sinne. Der Kunst obliegt es nun, verstärkt und stellvertretend jene Ersatzwerte und -welten zu liefern, deren die Menschen, hier besonders die „entheroisierten", libidinös arg gefledderten Männer bedürfen. Ihre neue Aufgabe besteht darin, Phantasiewelten wirkungs- und anwendungsintensiver zu gestalten oder regelrecht anzubieten. Nicht zuletzt deshalb entstehen nun Erzählungen, die sich nicht begnügen, Bühnenwirkung zu beschreiben, sondern die voyeuristischen Bedürfnisse des Betrachters virtuell mitzubedienen; oder Dramen, die die maskulinen Wunschvorstellungen bildungsbürgerlich aufpäppeln und zudem verdoppeln; deshalb auch Stendhals Erotikenzyklopädie, eine Art Gebrauchsanweisung der Liebe in der Art einer Mischung von Fiktion, Rezeptbuch, Sammelsurium und Liste affektischer Luststeigerungstechniken. Kein Wunder, daß das Prinzip Don Juan nun in immer neuen Konfigurationen erprobt und sein Repertoire variiert werden wird.

An die Stelle der Konfrontation Don Juan und Faust wie bei Grabbe tritt bei Stendhal das asymmetrische Vergleichspaar „Werther und Don Juan" – so der Titel des 63. Kapitels von *De l'amour*. Überraschenderweise findet Don Juan – zumindest in den Augen Stendhals – in ihm einen zum Teil überlegenen Gegenspieler, denn „Don Juan erniedrigt die Liebe zu einem gewöhnlichen Geschäft [...], er tötet die Liebe". Freilich ist zu bedenken, daß Stendhal solche Wertungen ohne moralistische Akzente setzt. Werther und Don Juan stehen einander als Verkörperungen zweier Liebesauffassungen fremd gegenüber. Werther ist allenfalls gut für den sentimentalen Weg der Glückssuche. Doch „wer im Verbrechen das Glück finden will", ein Glück ohne eine „Spur von Mitgefühl", tut gut daran, sich nach wie vor am Bild des „vertrautesten Freundes", Don Juans zu orientieren; auch nach den Maßstäben dieser Vormoderne ist er allein Garant eines wesensmäßig anderen Lebensgefühls:

„Don Juan schwört allen Pflichten ab, die ihn mit der übrigen Menschheit verknüpfen. Auf dem großen Markt des Lebens ist er ein unredlicher Käufer, der stets nimmt und nie bezahlt."

Im Zeitalter des reüssierenden Merkantilismus als einzig verbliebener Theologie ist diese Aussage Verklärung und Verdikt in einem: In einer Gesellschaft, die steril gewordenem Zweckrationalismus und dem Gestus pseudoegalitärer Gleichmacherei verfallen ist, obsiegt der per definitionem gegen den Mainstream der Vernunft und der Moral anschwimmende Don Juan als Anti-Heros der Negation, dem nichts weniger erwünscht wäre als der Konsens. Das Gefühl der Dissonanz prägt das Wesen Don Juans aus der Sicht des 19. Jahrhunderts. Spätestens jetzt hat die Figur ihre Siegessicherheit verloren. Bei Lenau wird sie bereits zum Selbstmörder aus Langeweile – und selbst bei Stendhal gerät sie ins Sperrfeuer einer skeptischen Gegenargumentation. Zu krude fordernd erscheint selbst Interpreten, die vom vitalen Gestus fasziniert sind, sein Liebeskonzept, das „alle anderen Genüsse des Lebens töte", während dasjenige Werthers sie „verhundertfache". Eine paradoxe Formulierung, die jedoch an eine zentrale Stelle der mit Juan verbundenen Problematik rührt. Denn gerade er, dem Stendhal diese Fähigkeit abspricht, agiert doch als Verhundert-, ja Vertausendfacher der Libido, während Werther – umgekehrt – durch seine tödliche Fixierung auf *eine* Geliebte zur physischen Selbstkastration verurteilt ist.

In Konkurrenz zwischen potenzierter und unausgelasteter Sexualität gibt Stendhal überraschenderweise der reduzierten Variante den Vorzug. Er tut dies, um es noch einmal zu betonen, nicht mit dem Blick auf eine ethische Höherwertigkeit der Werther-Liebe, sondern mit dem Hinweis auf dessen größere *psychologische* Intensität. Im Kopf, in den Nerven, nicht oder nicht nur phallisch, körperlich vollziehe sich, so Stendhal, erotische Befriedigung. Don Juan, erotisches Fossil, kämpft, um in den auf ihn applizierten militärischen Termini zu bleiben, noch mit dem Schwert, während sein ungleich raffinierterer und zugleich naiverer Antagonist ein Feuerwerk virtueller Beziehungsraketen entflammen läßt und „tausendmal mehr" erlebt:

„Alles ist neu, alles lebendig, alles atmet leidenschaftliches Interesse. [...] Die Wertherliebe kennt einzigartige Freuden."

Konjunktivische Libidowonnen, freilich unter den Vorzeichen eines permanenten „als ob", „was würde" und „was wäre", sind die zentralen Elemente dieser Grammatik einer erregend unerfüllten

Liebe, deren psychologischer Reiz eben in dieser Unausgefülltheit zu liegen scheint. Stendhal spürt die Gefahr dieser körperlichen Selbstkasteiung unter den Vorzeichen verfeinerten mentalen Genusses. Deshalb wird die Werther-Position bis zum Ende des Artikels nicht weniger ambivalent interpretiert als diejenige Don Juans. Denn auf die Laudatio der lustfreien Liebeslust folgt unmittelbar der Protest im Namen eines Liebeslust-Konzepts ohne Passionen, Leidenschaften und Gefühle. „Gleichgültigkeit" und die Liebe als heftige Geschäftigkeit betrieben – auch dies sind Elemente eines neuen, einigermaßen entmythifizierten Don Juan-Bildes. Dies ist weit mehr Zeit- und Gesellschaftssymptom und Diagnose denn literarische Spielerei. Stendhal verfolgt den „magischen" Verführer weiter, in die Alltäglichkeit, ins Alter, in die kleinliche Bösartigkeit:

„Das Drama endet traurig. Wenn Don Juan alt wird, macht er die Gegenstände seiner eigenen Übersättigung verantwortlich. [...] Man sieht ihn von dem Gifte gequält, das ihn verzehrt, wie er alles mögliche beginnt und immerfort den Gegenstand wechselt."

„Qual", „Ekel" und der Trieb, „Böses um des Bösen willen zu tun", stehen am Ende dieses Weges, der am Anfang unter den Vorzeichen von Passion, Jagd, Eroberung definiert worden war: „... alte, blasierte Wüstlinge, die vor Langeweile bersten und von denen Paris wimmelt" – so lautet nun die Diagnose des Phänomens serienweisen Erotikkonsums.

Stendhal ist der erste, der diese Aspekte in essayistisch-analytischer Form darstellte, das Sozialphänomen „Don Juan" prototypisch zu Ende dachte und dem Aspekt der ziellosen Wiederholung bis zur Übersättigung, der mit diesen Lebensformen verbunden ist, gerecht zu werden versuchte. Zum Massenphänomen vergröbert, bleibt nichts mehr vom früheren Glanz der Figur erhalten: Don Juanismus wird als gesellschaftliches Krankheitsphänomen erkennbar.

Stendhals Essay ist der Beginn einer langen philosophisch getönten Debatte. Im 19. und 20. Jahrhundert figuriert Don Juan zunehmend weniger als literarische Figur, sondern wird zum Gegenstand der diskursiven Erörterung. Diese Wende hatte sich bereits in der Konfrontation mit Faust und Mephisto bei Grabbe abgezeichnet. Denn die Brechung der Figur an einer zweiten literarischen Gestalt offenbart seinen Zitatcharakter, läßt ihn zum diskutierbaren Versatzstück werden – metaliterarisch interessant, aber existentiell weniger aussagekräftig. Wenn Don Juan unter die Philosophen fällt, ist sein Verhängnis endgültig besiegelt, denn er beginnt sich selbst zum Problem zu werden.

Die Leiden des Don Juan

Die Intellektualisierung und Kriminalisierung Don Juans ist keine Erfindung des 19. Jahrhunderts. Bereits aus der Zeit des auslaufenden Siglo de oro existiert die dramatisierte Version des Stoffes eines weitgehend unbekannten spanischen Autors. A. de Córdobas y Maldonados *La venganza en el sepulcro* (1957) zeigt einen nachgerade pathologischen Don Juan (alias Don Tenorio). Lust ist für ihn Lust am Töten, und seine mörderische Potenz ist seiner erotischen weit überlegen. Als Verbrecher aus Mordinstinkt erregt er bei seiner Umwelt nur eine Reaktion: Angst. Angst, die er zu genießen, zu inszenieren, zu zelebrieren versteht. Auch andere Don Juan-Figuren des 17. und des 18. Jahrhunderts (Dorimond, Villiers) sind von extremer Bösartigkeit gezeichnet, wobei diesen Dramen zumeist eine stark gesellschaftssatirische Intention unterstellt werden kann.

Don Juan als Abschreckungsfigur tritt in Thomas Shadwells Tragödie *The Libertine* (1676) besonders eindrucksvoll in Erscheinung. Der Protagonist der sexuellen Verführung wird als schwerstkrimineller Serientäter dargestellt, der seine Geliebten und deren soziales Umfeld (als Instanzen der Moral) rücksichtslos auslöscht. So muß die ihn liebende Leonora durch Gift sterben, weil sie ihn zu stören beginnt. Rächende oder zur Rache antretende Figuren, besonders Väter (einschließlich des eigenen) werden liquidiert und verhöhnt, Vergewaltigungen, blasphemische Schändungen sind an der Tagesordnung dieses „Monsters of Impiety". Der Protagonist selbst sieht sich freilich als „happy Libertine", dessen Legitimation in vielen weltanschaulichen Gesprächen freigelegt wird. Nicht spontane, als triebhaft ausgewiesene Bösartigkeit steht im Zentrum des Interesses, sondern hochreflektierter Sadismus, der sich in diffuser philosophischer Scheinlogik begründet und im Blutrausch zugleich ad absurdum führt. „Nature", „Sense" und „Reason" sind die Krücken einer verquasten Argumentation, die pathologische Egomanie zum individuellen Befreiungsakt umzudeuten versucht.

Und doch stellt sich, aller scheinbaren Überzeichnung zum Trotz, die nicht leicht zu beantwortende Frage nach der Bedeutung der verworfenen Figur für die Gesellschaft, die sie produziert. Mit dem Hinweis auf dramatische Usancen der Restauration tragedy und ihrer Tendenz zur Anhäufung von Ausschweifungen jedenfalls ist nichts ausgesagt. Wenn das Stück enormen Erfolg hatte, von der zeitgenössischen Kritik als „most diverting" (!) gepriesen wurde und eine ganze Serie von Adaptationen (Turner, Purcell) hervorrief, zeigt dies, daß es ungemein geschickt entlang einer sozialgeschichtlich äußerst aufschlußreichen Sollbruchstelle der Gesinnungen zu lavieren verstand. Um die sozialpsychologische Dimension und Funktion besser begreifen zu können, ist es nötig, sich die Situation des englischen Adels und des englischen Hofes in der Periode der Restauration 1660–1688 unter den damals regierenden Stuarts (Karl II. 1660–85, Jakob II. 1685–88) vorzustellen. Als charakteristisch für diese Phase kann eine Figur wie John Wilmot, Earl of Rochester gelten, Favorit Karls II., Verfasser blasphemischer und obszöner Schriften, gewalttätiger Zyniker und selbsternannter Freigeist par excellence. Don Juan als mörderischer Provokateur ist – so gesehen – nicht nur Zerrbild, sondern auch Abbild eines elitären zeittypischen Trends, nicht nur Abschreckungsfigur, sondern auch intellektuelles Idol.

Auf der anderen Seite der Moral ist das Szenarium der bürgerlich-protestantischen Lebenswelt zu vergegenwärtigen. Insbesondere die puritanische Reaktion, die auf die Restauration folgte, konnte im Treiben des Libertins nur eine Folge von kriminellen Verstößen gegen gesellschaftliche Normen sehen. Alles Schillernde, Ambivalente der Figur mußte einer rigiden moralischen Kritik zum Opfer fallen – einschließlich der gesamten Theaterkultur als Ort der Doppeldeutigkeit, Ausschweifung, des Zynismus; wenn überhaupt, konnte auf dieser Bühne nur für einen Don Juan als Ausbund des Verbrecherischen Platz sein – und er mußte gnadenlos abgeurteilt werden. „The Libertine *Destroyed*" – die Zerstörung des Abweichlers ist das alleinige Ziel der Darstellung, weshalb in Purcells Vertonung der Akzent deutlich auf die suggestive Bestrafung des Täters gerichtet ist bis hin zum Chor der Teufel, die den Delinquenten im letzten Akt gierig erwarten. So ist die Spannweite zwischen Entfaltung und Tilgung der Potenz des Bösen in dieser Periode besonders kraß entfaltet. Fast erscheint es so, als sollte das „Böse" gleichsam symbolisch auf dem Theater ausgetrieben werden – wie dies ein Jahrhundert später mit dem Harlekin (als Inkarnation des Irrationalen) geschehen wird. Die ritualisierte Vertreibung, Aburteilung Don Juans als Inkarnation asozial definierter Triebwelten ist von entsprechend grundlegender Bedeutung. Die puritanische Gesellschaft schützt sich mittels der theatralischen Inszenierung des Triebhaften als des Kriminellen vor allem selbst vor unerwünschten Einsichten in tabuisierte Bereiche der Existenz. Allenfalls über die Projektion einer Antifigur können solche Blicke in die gesellschaftsabgewandte Seite der individuellen Natur gewagt werden. Vergröberungen und Verfremdungen der Geschichte lassen eine Zerrspiegeloptik entstehen, die es ermöglicht, sich unerkannt dem ausgegrenzten Phänomen zu nähern. Dies geschieht auch z. B. im Puppentheater oder Volkstheater, das sich des Stoffes im Verlauf des 18. Jahrhunderts bevorzugt annimmt: hölzerne „Schreckenspiele ruchloser Jugend" oder musikalische Farcen „vom kläglichen Ende eines verstockten Atheisten" sind Beispiele für diese Tendenz zur Drastik *und* zur Verharmlosung. In allen Texten dieser Art wird das Modell des allen Besserungsversuchen gegenüber unzugänglichen Don Juan reproduziert.

Psychologisch aufregender ist die dem Verurteilungsschema diametral entgegengesetzte Domestizierungsmethode, die gelegentlich – sehr erfolgreich – gleichfalls im Volkstheater vorgestellt wird: die des *bereuenden* Juan. In Antonio de Zamoras *No hay denda que no se pagne y Convidado de piedra* von 1714, einem volkstümlichen Stück, das in Spanien häufig am Allerseelentag aufgeführt wurde und regelmäßig heftige Emotionen auslöste, wird diese Variante in Szene gesetzt. Zentrale Differenz zu fast allen anderen bisherigen Interpretationen: Don Juan bereut in extremis, das heißt er widerruft die Grundlagen seiner Existenz. In der Logik des auf Seelenrettung im christlichen Sinn abzielenden Verfahrens liegt dann der Verzicht auf die Höllenstrafe, Juan stirbt eines natürlichen Todes. Kirchliche Seelenrettung und existentielle Liquidierung sind Konsequenzen der modellhaften Resozialisierung des Außenseiters. Der um „Erbarmen" flehende Don Juan wird zum kläglich-sentimentalen Relikt seiner selbst. Der Burlador wird von seinen christlichen Bändigern regelrecht vorgeführt und stirbt gleichsam mit den Segnungen der letzten, tragisch-melodramatischen Ölung versehen. Auch das Ende der Überlebenden ist allenfalls im Sinn der Kirche zufriedenstellend: Die Beteiligten werden in Kloster und Ehe ruhig-gestellt.

Vielleicht ist die christliche die zynischste Variante des Umgangs mit dem „Bösen". Die professionellste allemal. Absolution als Herrschaftsform und Unterwerfung als sentimentales Machtmittel – der Protagonist begeht mentalen Selbstmord, auf grausame Strafe kann großherzig verzichtet werden. Der erotische Mephisto „ka-striert" sich freiwillig unter den keuschen Augen seiner ehemaligen Geliebten und unter denen der dezent triumphierenden Kirche: Don Juan zerknirscht wie Tannhäuser und in Tränen wie Sara Sampson: die Demütigung des Tenorio ist perfekt und perfide zu-gleich. Spätestens von diesem Moment an ist das Prinzip „Don Juan" gebrochen. Indiz hierfür ist die Häufung reumütig geson-nener Ex-Provokateure im Verlauf des 18. Jahrhunderts. In der *co-media nova ititulada o Convidado de pedra ou D. João Tonorio, o dissoluto* eines portugiesischen Anonymus aus den achtziger Jahren ist ein nachgerade rührseliger Held zu bestaunen. Nicht nur, daß die Moral- und Bußpredigten Elviras und anderer nun ernsthaft verfan-gen und der Sünder von Schuldgefühl und Reue überwältigt wird, die comedia gipfelt in einer seelenvollen Wiederbegegnung der Ehe-gatten und den Vorzeichen echter Liebe. Emotionale, soziale und theologische Verzeihensorgien eröffnen im Schlußteil ein an die großen Bürgerlichen Schauspiele erinnerndes „happy end", an des-sen Zustandekommen die Frauen maßgeblich beteiligt sind. Die Rolle der liebenden Frau tritt im Verlauf des 18. und 19. Jahrhun-derts immer mehr in den Vordergrund: Die Frauen werden zu den eigentlich gestaltenden, moralisch und menschlich überlegenen Symbolfiguren der Don Juan-Szenarien. Aktivistinnen einer Moral, die sich absolut setzt und die in Form eines Gesinnungs-Netzwerks die Gesamtdramaturgie zu überlagern beginnt.

Ein Eindruck, der sich bereits bei genauerer Betrachtung des Li-brettos von Da Ponte eingestellt hatte, als Don Giovanni ins Visier der ihn rachsüchtig, moralistisch und liebend verfolgenden Frauen geriet. Mozart/Da Pontes Verdienst ist es dabei, die gemischten Empfindungen der Frauen nicht plakativ oder sentimentalisierend zu unterschlagen, sondern in all ihrer Komplexität und Brüchigkeit zu erforschen. Die Versuche Grabbes, Lenaus, Hoffmanns und an-derer sind nicht zuletzt auch verzweifelte Gesten, um dieses Di-lemma des verfolgten Verführers zu lösen: Die Verdoppelung und

mephistophelische oder faustische Erhöhung der Figur des Schän-
ders und Schinders, ihre titanische oder romantische Stilisierung
sind verzweifelte Rettungsversuche, um die Imago des ehemals
omnipotenten Mannes aus den femininen Verflechtungen heraus-
zukatapultieren – zum Scheitern verurteilte Rettungsversuche.
Puschkins (*Der steinerne Gast*, 1830) und Lenaus (*Dramatisches
Gedicht*, 1844) Versionen zeigen einen desillusionierten, moralisch
und existentiell indifferenten oder sogar resignierten Typus, der mit
den Vorläufern kaum noch etwas gemein hat. Bei Puschkin erfährt
Juan im Beisammensein mit Donna Anna eine neue Dimension von
Liebe, was zu einer völligen Verwandlung seiner Gefühle führt:

> „Vielleicht trägt das ermattete Gewissen
> Viel schwerer Sünden Last; doch seit der Zeit,
> Da ich euch sah, hat alles sich geändert:
> Mir ist ich wurde plötzlich neu geboren!
> Euch liebend wurde mir die Tugend lieb –
> Und oh! Zum ersten Mal im Leben beug ich
> Das Knie erbebend demütig vor ihr."

Don Juan geht in die Knie. Und der steinerne Gast wird ihn wenig
später trotzdem holen. Als Strafe für sein vorheriges Tun. Mehr
noch als Strafe auch für den Verrat an sich selbst. Ein ernsthaft
schmachtender Don Juan hat sich selbst längst diskreditiert und
kann ohne die geringste Lücke zu hinterlassen in den Boden versinken.

Buße und immer wieder Buße, Reue und Leiden bestimmen die
Kontur des erotischen Schmerzensmannes in den kommenden
Jahrzehnten. Sein Leidensweg umfaßt alle Stadien von Zerknir-
schung und Demütigung bis hin zur seelischen Erkrankung unter
den Weltschmerzvorzeichen von Melancholie, Indifferenz, Ennui:
Immer mehr wird die Geschichte des Don Juan zur neurastheni-
schen Krankengeschichte mit durchaus bedrohlichen Dimensionen.
Aus dem Spötter wird ein manischer Selbstbezichtiger, aus Hedo-
nismus Kasteiungswahn, aus Mord und Totschlag werden Selbst-
mordgelüste. Von nun an wird ein Hauch von „Todesgrauen" die
noch vor kurzer Zeit so vital auftrumpfende Figur umwehen. Lenau
etwa zeichnet in seinem Versepos einen Don Juan dieses Typus, der
– Opfer des von ihm selbst in Gang gesetzten Serienprinzips –
allmählich der Orientierung an Koordinaten des Daseins verlustig
geht. Depressionen begleiten den weiteren Lebensweg dieses älter

werdenden Don Juan, der im Tod Ausflucht aus dem System der endlosen Wiederholung sucht. Er richtet sich gewissermaßen selbst, als er im Duell den Degen wegwirft und sich dem Gegner zur Tötung anbietet:

> „Mein Totfeind ist in meine Hand gegeben;
> Doch dies auch langweilt, wie das ganze Leben."

Mit dem nun immer häufiger dargestellten Alterungsprozeß Don Juans rückt die Problematik des Verlusts der Libido in den Vordergrund. Immer wieder ist von „Sühnung", „Entgelt", vom Zahlen der „letzten Zeche" die Rede, später mischen sich nur leicht verschlüsselt deutlichere Anspielungen auf mentale und physische Veränderungen und Defekte in die selbstgrüblerischen Diskurse des empfindlich Gewordenen. So in Lenaus Versepos in kritischer Selbstbeobachtung:

> „Doch will's auch damit nicht mehr recht gelingen,
> Die Freude kann nicht mehr wie einst hinbrausen;
> Sind lahm schon oder mausern ihre Schwingen?
> [...]
> Das Feuer meines Blutes ist verlodert,
> Ich fühle mich schon gleichsam angemodert."

Das Bild des „kalten Herdes" und des „verzehrten Brennstoffes" vervollständigen dies erotische Krisenszenarium. Todbringender Omnipotenzwahn („Die Einzle kränkend, schwärm' ich für die Gattung"; „[Ich] fühlte nie was von Gewissensbissen, wenn sie aus meinem Bett ins Grab gefallen") verwandelt sich in welke Lethargie, Eroberungssucht in Wiederholungszwang. Die „Liste", ehedem Leistungsstatistik, wird zum familiären Versorgungsnachweis einer ihn umgebenden unehelichen Kinderschar.

Don Juan, ausgebrannt, seiner einzigen Mission beraubt, stellt sich der verhaßten Wirklichkeit. Diese Schwäche wird zur Einfallsstelle seiner Dekomposition: Frauen, Kinder, Liebe, Erinnerung, Wehmut holen ihn ein – der Freitod ist logische Konsequenz. Das Projekt „Don Juan" ist nicht mehr, das System bürgerlicher Wert- und Gefühlsmaßstäbe hat von ihm auf zerstörerische Weise Besitz ergriffen. Der große Provokateur zahlt wörtlich wie übertragen die Zeche. Am Ende stehen Bankrott und Impotenz.

Der Beginn einer Liebe, einer „wahren" Liebe, ist für Don Juan immer eine Bedrohung. Sein Prinzip vertrug in der Tat nur die Konfrontation mit der Gattung, vermochte nur mit ihr umzugehen. Nun dringen Menschen mit ihren Geschichten auf ihn ein, und die Vergangenheit materialisiert sich in Individuen. Aus wohlverwahrten, dokumentierten Episoden werden handfeste Realitäten. Diesem Ansturm ist das wehleidige Rückzugs-Ich des späten Don Juan nicht gewachsen. Der weltschmerzhaft geschwächte Poseur kann Bodenhaftung nicht vertragen. Don Juan am Rande zur Familienvaterschaft – der inszenierte Freitod ist so gesehen auch panischer Fluchtreflex vor der vollständigen Demontage des ohnehin schon brüchig gewordenen Mythos.

Zahllose Versuche, Don Juan zur Bekehrung zu verführen, lassen sich im 19. Jahrhundert ausmachen. Es ist, als ob man ihn ein zweites Mal, auf sanftem Wege, unschädlich machen wollte. Und zahllose Frauen widmen sich dieser Mission unter Einsatz all ihrer moralischen und emotionalen Ressourcen. Dennoch sind auch sie – ohne es immer zu wissen oder wissen zu wollen – Teil eines Komplotts gegen denjenigen, den sie glauben zu lieben. Denn läßt Don Juan sich zur Rückkehr in die bürgerlichen Koordinaten des Daseins überführen, so ist dies gleichbedeutend mit seiner Auslöschung. Zudem ist das Unterfangen für die Missionarinnen des Besserungsdenkens nicht ungefährlich. Die einzige Autor*in*, die sich mit dem Thema auseinandersetzte, die feministische Schriftstellerin, die unter dem Pseudonym George Sand schrieb, versuchte diese Gefährdung herauszuarbeiten und die Frauen zu warnen. Der Roman *Lélia* (1833), ihr erster großer Erfolg, nimmt bereits diesen weiblichen Verhaltensreflex auf und untersucht ihn kritisch.

Die ebenso schöne wie gefühlvoll-kluge Lélia, nach bitteren Erfahrungen mit dem sich Don Juan-artig gerierenden Sténio gereift, ist mittlerweile zur Äbtissin geworden. In weiblicher Verkleidung erzählt Sténio im Kontext einer religiösen Belehrung für Frauen die „Legende" eines Wüstlings namens Don Juan, der von einem in eine Frau verwandelten Engel gereinigt und bekehrt wurde. Lélia durchschaut die Mystifikation und deutet in ihrer Gegenrede die Legende kritisch um. Nach ihrer Version mißlang dem mutierten Engel nicht nur die Bekehrung Don Juans, vielmehr wurde auch er von ihm entführt und seinerseits in die Welt des Lasters gezogen. Don Juan freilich stirbt verbittert und verhärtet.

Sand kritisiert und entmythisiert die Legende an ihrer empfindlichsten Stelle, dort wo sich schwülstige Besserungsszenarien und kitschige Verführungsphantasien unter den Vorzeichen der individuellen Besonderheit auf unsaubere Art begegnen. Insbesondere die religiös getönte Erlösungserotik, der verquere libidinöse Reinigungswahn der Frauen wird in den Blick genommen. Und im gleichen Zug wird auch der Mythos des verteufelten Sexgottes dieser Frömmlerinnen gefleddert. „Man hat dich für Größe gehalten und du bist nur Narrheit". Weder als einen anderen Mephisto noch auch einen gefallenen Engel, ja noch nicht einmal als mutigen Sucher nach der absoluten Frau läßt sie ihn gelten, sondern entlarvt ihn schlicht als Feigling, Verrückten und Verbrecher. Ein sympathischer Versuch, eine Schneise in das Dickicht der Bedeutsamkeit vermittelnden Mythologeme zu schlagen und Don Juan seiner künstlich gewordenen Legendenhaftigkeit zu entziehen. Denn, so Lélia, „ein Typus, ein Symbol, ein Ruhm, fast eine Gottheit" sei er in der Lesart der Frauen geworden. Ein Konstrukt, dem Sand ihre dekonstruktive Lesart vehement entgegensetzt.

Ein zweiter dekonstruktivistischer Versuch, den Don Juan-Mythos transparent zu machen, stammt von Balzac. *L'élixir de longue vie* von 1830 ist eine Geschichte des Zerfalls. Auf dem Sterbebett versucht sich ein Don Juan mittels eines Lebenselixiers verjüngen zu lassen. Die Therapie scheint halb von Erfolg gekrönt zu sein, als der partiell Verjüngte in freudigem Überschwang dem Helfer die Phiole mit der Wundermixtur aus der Hand schlägt und so unfreiwillig den Rest vernichtet. Das Resultat ist ein halb lebender, halb toter Körper, der als mirakulöses Phänomen bestaunt, verehrt und religiös verklärt wird. Als die mumifizierte Reliquie seiner selbst wird San Juan Gegenstand frommer Anbetung, was der so Gefeierte freilich mit höllischen Lästerungen begleitet. Die revitalisierte Verführungslegende als im Reliquienschrein zappelnde anthropomorphe Heiligenfigur – Balzac hat mit diesem grotesk anmutenden Szenarium eine polemische Metapher für den kolportagehaften Donjuanismus seiner Zeit entworfen. Zwischen Legende und Lebensentwurf war die heroische Figur Don Juans längst ins Getriebe und Gedränge bürgerlicher und kleinbürgerlicher Wertmaßstäbe geraten und war im Begriff, ihrem permanenten Ansturm und Druck allmählich nachzugeben und zu erliegen.

Was mit Mozarts musikalischer Jagd der Rachehexen begonnen hatte, trägt ein Jahrhundert später Früchte: ob Puschkin oder Musset, Mérimée oder Dumas, Gautier oder Delgado – stets laboriert ein weltschmerzbewegter Don Juan bußfertig an der Grenze zum eigenen Widerruf, allenfalls noch mit Rudimenten und Requisiten erinnerter Erotomanie versehen. Der potente Draufgänger ist draufgegangen – übrig blieb ein bettlägriger Patient. Wohlumsorgt in den Händen barmherziger Schwestern (die ehedem seine Geliebten waren) oder von Verehrerinnen, die ihr Triebleben längst religiös oder politisch sublimiert haben oder dies zumindest glauben.

Nicht romantisch getönter Satanismus, sondern lasziver Sadismus steht im Gegensatz dazu im Text Balzacs im Zentrum. Don Juan ist die Verkörperung der Gemeinheit, zusammengestückt aus den jeweils niederträchtigsten Eigenschaften von Molières *Juan*, Goethes *Faust* und Byrons *Manfred*. Und er lebt in einer Welt der Gemeinheiten und der Gemeinen, deren Hierarchie von den Kurtisanen bis zum Papst reicht. Nicht den eleganten Verführer beschreibt Balzac, sondern einen egozentrischen Zyniker, dessen äußerer Glanz (hierin eine Vorwegnahme des narzißtischen Dorian Gray) sein schäbiges Inneres kaum mehr verdeckt. „Je vous tormente un peu" ist seine Maxime, und sein Verhalten läßt keinen Zweifel an der Ernsthaftigkeit, dieser Einstellung nachzukommen. Als er in extremis Güte und Reue heuchelt, um seinen Sohn dazu zu motivieren, ihm zu helfen, verfängt dies dennoch. Der redliche Philippe nimmt sich des Leichnams des alten Frevlers an und salbt ihn, beginnend am Kopf, mit dem gewünschten revitalisierenden Elixier. Der Wiedererweckungsvorgang freilich kommt durch das abrupte Eingreifen des partiell Reanimierten zu einem abrupten Ende, als dieser noch während des Vorgangs durch sein ungestümes Triumphieren die Flasche mit der Tinktur zum Zerschellen bringt. Resultat der unterbrochenen Wiederauferstehung, der „imparfaite résurrection", ist ein makabres Zwitterwesen, halb steifes Skelett, halb adonisgleich jugendlicher Held.

Gesteigert wird diese groteske Erscheinung freilich durch den Umgang mit ihr; reflexartig bedient sich die Kirche des monströsen Scheusals, um ein wundersames „miracle" zu postulieren. Das elende Produkt eines schäbigen Betrugs mutiert – wider Willen – zur religiösen Trophäe. Die perfekt inszenierte Zeremonie von Apotheose und Te Deum inthronisiert den gelähmten Bastard als Götzen eines bigotten Christentums, schwärmerisch umwallt von verlebten, korrupten Luxusgestalten, Kurtisanen und zwielichtigen Galanen, die ihren „nouveau saint" feiern. Religiöser Wahn, das

Brimborium künstlicher Rituale, sexuelle Ekstase und süßliche Kirchenästhetik (einer Emma Bovary) verschmelzen zu einer ebenso suggestiven wie verlogenen Einheit der Empfindung, in deren Mittelpunkt – fast ohnmächtig – das Objekt der Begierden lagert. Es ist, als hätte Balzac eine Metapher des Wahnwitzes dieser Gesellschaft wie auch des Phänomens „Don Juan" liefern wollen, Idol und Reliquie einer innerlich toten Gesellschaft, als deren Affektkatalysator er wechselweise vergöttlicht und verteufelt herhalten muß. Das „Te Deum laudamus", das die liebes- und triebtrunkene Menge ihm widmet, ist auch ein verzweifelter Abgesang, Wahnwitz auf dem Hintergrund dieses impotenten Baal im Reliquienschrein. Denn es ist sicher kein Zufall, daß der Akt der Wiederauferstehung ausschließlich dem boshaften Gehirn und dem schönen Kopf des Verführers galt, die für seine Vita und die Mission der serienweisen Menschheitsbeglückung zentralen Körperregionen jedoch unbelebt bleiben. Fehlt auch das phallische Vollzugsorgan, so kommt es doch im Verlauf der immer ekstatischer werdenden Apotheose zu einer parasexuellen Vereinigung von Idol und Masse, die semantisch verdeutlicht wird durch das Ineinandergreifen des hymnisch-religiösen und des blasphemisch-sexuellen Diskurses, wo sich „ora pro nobis" und „o coglione" überlagern. Begleitet von einem verzerrten, schrillen Gelächter, obszönen Gesten mittels des einen bereits restituierten Armes, Fluten sexueller und blasphemischer Ausdrücke löst sich Juans satanischer Kopf schließlich vom toten Rumpf, um sich im Schädel des Abtes tödlich zu verbeißen. So bleibt er selbst im gelähmten Zustand und über den Tod hinaus ein gesellschaftlicher Sprengsatz. Er entzieht sich den falschen Sakralisierungen, die auf ihn projiziert werden ebenso, wie er sich zu Lebzeiten emotionalen oder sittlichen Normen entzogen hatte. Moralische Antimaterie in anthropomorpher Gestalt – und doch (beim Realisten Balzac) zugleich jenseits aller hybriden Übersteigerung im Sinne der Romantik.

Die Idee, den Don Juan-Mythos als Konstrukt zu begreifen, als politisch oder psychologisch motiviertes Phantasieprodukt, wird hier – lange vor Max Frisch – auf radikale Weise literarisch vorgeführt. Ungleich zu Frisch endet der so Verklärte nicht im Gefängnis der Ehe, sondern auf dem Schrotthaufen seiner eigenen Legenden. Dieser Zusammenhang einer manipulativen Überlagerung von Lebenswirklichkeit, Legende und machtpolitischem Kalkül ist der literarischen Karriere der Don Juan-Figur von Beginn an eingeschrieben. Immer wieder kommt es zu Kollisionen zwischen „Mythos" und „Authenzität". Konkret wie Schliemanns Troja aus dem Text der *Ilias* entsteigt Don Juan in solchen Momenten als empirischer Mensch den Schichten seiner Vertextungen und berührt damit seine Ursprünge, die von Anfang an im Gemenge von Realität und Fiktionalisierung angesiedelt waren: Der vor einigen Jahren tatsächlich von der zuständigen Kongregation des Vatikans eingeleitete Seligsprechungsprozeß des „wirklichen" Don Juan belegt diese Besonderheit auf das deutlichste. Kaum eine andere Figur der neueren Literatur lebt zugleich so sehr in den Labyrinthen der Intertextualität *und* der außerliterarischen Wirklichkeit wie er. Dies mag die Ursache für das unendliche Wiederauferstehungsritual sein, das den stets Vernichteten immer wieder aus der Asche seiner Negation scheinbar unversehrt steigen läßt. Ein Vorgang, den Balzac in seiner Novelle surrealistisch verfremdet zuspitzte. Dahinter verbirgt sich allerdings ein noch tiefgreifenderes Problem, das die Funktion literarischer Mythen als Entwürfe und Modelle gesellschaftlicher Ordnung betrifft. Die Referenz auf eine irdische Existenz des Protagonisten ist deshalb so wichtig, weil nur so die mit ihm verbundene Thematik zum Gegenstand eines allgemeineren, kollektiven Problems werden kann. Jede literarische Mythisierung oder Ästhetisierung, jedes Dämonisieren, Verklären oder Verlachen der Figur ist so gesehen auch Symptom für den gesellschaftlichen Umgang mit erotischen Normen. Das Lebensprinzip „Don Juan" ist Testfall für ihre Stimmigkeit wie auch für ihre Brüchigkeit und für den Grad der Verdrängung von Sexualität. Projiziert auf die Existenz des auf paradoxe Art Gemeinsamkeit stiftenden radikalen Antikörpers und Außenseiters, erscheint dieses Potential entrückt oder gebändigt, und es kann doch – parallel hierzu – auf intimste Nähe herangezogen werden, ohne sich zu „diskreditieren".

Don Juan bietet sich gerade wegen seiner permanenten Überwundenheit wie keine andere Figur als gefahrloses Medium der analytischen Selbsterforschung an: eine Art literarischer, aber auch kunstvoll literarisierter Optik, die den Blick für die alltäglichen Wünsche schärft und weichzeichnet und auf diese Weise den erotischen Außenseiter mit dem normalverbrauchenden Jedermann in verdeckten Kontakt bringt. Der aus dem Schatten seiner Loge am

Schauspiel der Bühnenpassionen teilhabende aktivierte Zuschauer E. T. A. Hoffmanns ist – um es zu wiederholen – ein exaktes Bild für diese figurentypische Überlagerung an der Grenze zwischen Kunst und Leben. Es entsteht eine Interessen-Gemengelage, die eine strikte Trennung zwischen Rolle und Figur ebenso ad absurdum führt wie eine solche zwischen Fiktion und Wirklichkeit, und allmählich wird das eigentliche Dilemma der parasitären Existenzform Don Juans klar. Durch seinen permanenten Ansturm gegen die Erwartung und Gefühle aller anderen gerät der Protagonist in paradoxe Abhängigkeit von denen, die er ignorieren zu können glaubt. Schlimmer noch, er existiert letztlich überhaupt nur als deren Konstrukt. Wenn Don Juan, wie in Max Frischs Stück *Don Juan oder die Liebe zur Geometrie* (1952/53,1961), in der Erstausgabe des bereits zu Lebzeiten über ihn geschriebenen Stücks *El Burlador de Sevilla y Convidado de piedra* liest, wird diese Abhängigkeit bis zur Peinlichkeit entblößt. Im Gespräch mit dem Bischof, der das fromme Werk als – machtstrategisch nützliche – Gebrauchskunst einordnet, muß Juan zudem erfahren, daß, aller Defizite zum Trotz, dieses theatralische Machwerk über Juan dem Leben des „wirklichen" Don Juan zu bevorzugen ist, denn:

„Denken wir uns bloß ein Publikum, das den wirklichen Don Juan sehen könnte [...]. Nicht aufzuzählen wären die Mißverständnisse. [...] Nein, es wäre gräßlich, dieses Publikum zu hören, das nur die Wirklichkeit sieht."

Wirklichkeit pur zu offerieren, so gibt der versierte Kirchenmann zu verstehen, wäre unverantwortlich – nur ein virtuell modellierter Don Juan ist dem irritierbaren Publikum verantwortungsvoll anzubieten, das verehelichte, leibhaftige und überlebende Original würde im Vergleich dazu unerwünschte, diffuse Reaktionen auslösen. So gerät Don Juan ein zweites Mal ins gesellschaftliche Abseits, mehr noch, er wird überflüssig, das Artefakt Don Juan übernimmt seinen Part professioneller, ästhetisch ansprechender und emotional anrührender.

Als dem „echten" Don Juan wenige Zeilen später von seiner Gattin beim Mittagsmal eröffnet wird, daß er im Begriff ist, stolzer Vater zu werden, bleibt dem Burlador a. D. dann auch das Wort im Munde stecken:

„Don Juan
Mahlzeit.

Miranda
Mahlzeit.

(Sie beginnen schweigsam zu essen,
langsam fällt der Vorhang.)"

„Don Juan pipé" – der getäuschte Don Juan

Verlaines langes Gedicht *Don Juan pipé* (1890) zeigt das Dilemma
der Figur schrill, respektlos und ohne Pathos, die Lebenslüge des
großen Provokateurs wird offenbar. Zwar lebt und floriert noch
sein Mythos, die Figur dahinter jedoch ist im Begriff, elend zu ver-
kümmern. Mehr noch: sein elitäres „System" ist zu einem wohl-
feilen Konsumartikel geworden, „Donjuanismus" als die Multi-
plikation des Singulären zum Massenprodukt in verkitschter und
verkleinerter Kopie. Ein tragischer Verfall? Keineswegs, denn letz-
lich wird Don Juan nur mit seinen eigenen Waffen geschlagen. Der
Ideologe des Prinzips der Serie wird nun selbst zum Opfer eines
Fließbandverfahrens. Allerdings agiert er dabei nicht in der Rolle
des Subjekts, sondern wird zum Objekt dieser Verfahrensweise degradiert.

Zwar ist die Attitude des libertinistischen Grandseigneurs nach
außen hin noch makellos erhalten, umwittert von dem Geheimnis
dessen, der Eros, Tod, Teufel und Gott herausfordert. Blasphemisch
und selbstbewußt scheint er auch posthum seine Revolte uner-
schrocken fortzusetzen und predigt weiter sein Credo der Anbetung des Fleisches und der Lust auch heiligen Ohren.

Und dennoch haftet all dem bereits etwas Gewolltes, Ange-
strengtes an. Don Juan versucht rhetorisch seinem satanischen
Image über den Tod hinaus gerecht zu werden. Und er erleidet argumentativ Schiffbruch; ein letztes Mal gipfelt seine Rede auf:

„A moi l'Enfer!" und „Aux armes!" – so versucht der Held seine
imaginären Schüler-Scharen zu beschwören. Doch der Appell ver-
hallt, wird als „rodomontade", als Prahlerei entlarvt, und „eine
Stimme von oben" verkündet das für Don Juan letztlich vernichtende Urteil: „Man ist der Teufel, aber wird es nicht."

Damit ist die unterirdische Laufbahn des großen Empörers ebenso beendet, wie es die überirdische bereits war. Als begabter, aber anmaßender Schwindler demaskiert, führt er allenfalls eine literarische Existenz: Rede, Wort und Erzählung des Mythos seiner selbst sind Medium seiner Aktivität. Die Revolte des Fleisches ist zur intellektuellen Schreibübung und zum impotenten Schreibkrampf verkommen. Der Literatur, nicht dem Leben gelten seine libidinösen Bemühungen.

Freilich, als koketter Erzähler reüssiert Don Juan nun in der zweiten Hälfte des 19. Jahrhunderts in bisher ungeahntem Maße. Elitären Damenrunden vermag er immer noch prickelnde Erosschauer über die gepuderten Rücken zu jagen. So etwa in J.-A. Barbey d'Aurevillys Erzählungen *Les Diaboliques* (1874), wo er in der Novelle *Le plus bel amour de Don Juan* seine eigenen Memoiren einer Runde von 12 Aristokratinnen – allesamt ehemalige amouröse Eintagsfliegen – bei einem ihm zu Ehren veranstalteten festlichen Souper vorträgt. Ein verspäteter Decamerone, der sich selbst narrativ inszeniert. Im dekadenten Rahmen der Luxusgesellschaft gelingt ihm dies auch. Erotische Erzählungen als prickelndes Tafeldessert – wahrlich ein dürftiges Ende. Allenfalls Minderjährige und verlebte Femmes fatales kreuzen den Weg dieses modisch bebänderten Dandy Don, die Darstellungen von Félicien Rops und Aubrey Beardsley zeigen dies.

Die Geschichte seiner schönsten Liebe ist zudem mehr als dubios. Die dreizehnjährige Tochter, die den Grafen de Ravilès alias Don Juan haßt, beichtet ihrer Mutter, der Marquise, derzeit in der Gunst des Grafen, daß sie schwanger sei, und zwar von eben diesem Grafen, den sie stets voller Verachtung mied. Der Triumph über das kleine, magere, häßliche Kind und zugleich der Genuß der Mutter – diese Kombination erregt im Salon der lebenden Toten immerhin noch wohliges Interesse. Mehr verbleibt für den literarischen Gourmet Don Juan nicht mehr.

Es ist kein Zufall, daß Don Juan letztendlich auf der Couch des Psychiaters landen wird. Längst hat er die Fähigkeit, die ihm anfangs völlig abgesprochen worden war, zur Perfektion entwickelt – über sich selbst nachzudenken. Im Verlauf des 19. Jahrhunderts wird sich das Analysieren, Inszenieren, Erzählen, Reproduzieren zu seiner Haupttätigkeit entwickeln. Der Psychoanalytiker W. Schmidbauer geht dem Phänomen des Donjuanismus in der Moderne in seinen alltäglichen und trivialen Formen nach und diagnostiziert Krankheitssymptome: Rastlosigkeit, blinder Glaube an Omnipotenz, an die Wiederholung eines Musters von Machtausübung, und Kontrollzwang. Juans Kernproblem, durch das der elitäre Kranke paradoxerweise zu einem Spiegelbild der Konsumgesellschaft wird, ist die Unfähigkeit, die ganzheitliche, komplexe Qualität emotionaler Beziehungen erleben zu können und sie statt dessen durch binär erfaßbare Quantität erleben zu wollen. Als optimal funktionierender Workaholic in der Welt der Erotik produziert er „Liebe" als Leistung, wird zum gesuchten Spezialisten, der wie ein professioneller Pornostar Zählbares, Nummern abliefert. Der Leporello, die Leistungsstatistik, das Arbeitsprotokoll enthält die zentralen Daten dieses Prozesses und ist deshalb wichtiger als die Sache selbst. Die hormonale Stechuhr tickt gnadenlos, Erhöhung der Stückzahl ist angesagt, der Akkordarbeiter steigert den Arbeitstakt und produziert gehorsam noch mehr wertlosen Erotikplunder... Ein fataler Kreislauf, der im seelischen Bankrott (gerade aufgrund des numerischen Erfolgs) endet.

So muß Don Juan in der Falle der eigenen (hier endet die Vergleichbarkeit mit der Fließbandproduktion), selbstauferlegten Leistungsnorm scheitern. Scheitern auch deshalb, weil dieser systematische Reproduktionsprozeß die gesuchte Erfüllung verhindert statt zu ihr zu führen. Die Objekte seiner Begierde werden durch das Quantifizierungsprinzip zu unbedeutenden Steinchen in einem auf ewig unvollendeten Puzzle-Spiel degradiert. Damit entwertet er nicht nur jede einzelne der Beziehungen, sondern negiert auch den Sinn seiner – einzigen – Beschäftigung. Kein sinnvolles „Bild" wird aus der erotischen Sisyphosarbeit entstehen – allenfalls ein blinder Zerrspiegel eines absurden Aktivismus, der sich agierend der Grundlagen der eigenen Existenz beraubt. Eine nicht mehr zu stoppende Brandrodung der auf emotionalen Zugewinn ausgerichteten Leidenschaft, die die Grundlagen des Daseins aller Beteiligten zerstört.

Aus diesem Grund enden nahezu alle Versionen der literarischen Don Juan-Bewältigung im Desaster. Jämmerlich und von Resignation gezeichnet präsentieren sich bereits die siegreich opponierenden „Hinterbliebenen" bei Mozart trotz ihres Triumphgesangs – am Ende: Tod und Selbstmord, Verzweiflung, Irrsinn, Frustration prägen das Finale der Fassungen vor allem des 19. Jahrhunderts.

„su' passion predominante …": viriler Pomp und nackte Unschuld

J. K. Huysmans wird es in *Là-bas* (1891) auf die nüchterne Zukunftsformel bringen: „Sie werden (…) die Seele ausleeren durch den Unterleib."

Als letzte Rettungsmöglichkeit verbleibt der Text: Don Juan, fast ein Poet, jedenfalls einer, der die Leiden der Literatur kennt, die Gebrechen konserviert und die Erinnerung bündelt. Gefühlsarchivar, wie der göttliche Marquis vom Schreibkrampf geschüttelt, Graphomane der Erotik, der *erinnerte* Akt beginnt sich in seiner Bedeutung über das „wirkliche" Erleben zu erheben. In der Kunst, vor allem im Text, überlebt Don Juan auf überraschend insistente Weise. Im allgemeinen Empfinden eher antiquiert, verfängt die Legende im Künstlerleben, das nach wie vor vom deskriptiven Sammlerreflex als Wirklichkeit oder Pose bestimmt scheint.

Wenn ein renommierter Autor wie Harry Mulisch noch 1997 von seinen sexuellen Erfahrungen schwärmt, geschieht dies unter Zuhilfenahme von Elementen eines etwas mürbe-altbackenen Don Juanismus. Da schwadroniert der Frauen-Erfolgsromancier in der Art Don Giovannis von einem Fest anläßlich der Eroberung von Nr. 2000, zählt Dutzende anderer Frauen auf, spricht von sexueller Süchtigkeit, von schlankmachender Gefräßigkeit und läßt sich von der assistierenden Redakteurin mit dem Don Juan-Entwurf Frischs vergleichen, als „Weiberheld, dem die Frauen hinterherlaufen, obwohl – oder weil – er sich gar nicht für sie interessiert". Wie sehr die Geschichte bereits zu Literatur geworden ist und letztlich nur mehr über den Text vermittelt werden kann, wird aus diesem literarisch unterfütterten Gespräch ebenso deutlich wie die Richtigkeit der Gleichung des Soziologen Ulrich Beck, der heutige Liebe als „angewandte Romanlektüre" definiert. Das undurchdringliche erotische Biotop zwischen Dichtung und Wahrheit, textueller und sexueller Wirklichkeit scheint insbesondere für quantitativ kreative Künstler unverändert attraktiv, ob Turrini oder Miller, Fellini oder Simenon.

Im Briefwechsel zwischen Simenon und Fellini etwa finden sich alle Elemente biotextueller Verschränkung in makroskopischer Übersteigerung. Zumindest als Schreibtischmythos ist Juan wohlkonserviert und unsterblich. Im Hinterhof der Cinecittà-Studios, so wird berichtet, fand sich im Büro des Maestro eine umfängliche, sorgsam numerierte Frauen-Kartei, die von ihm persönlich durchgearbeitet wurde. Und der Rezensent spricht in seiner Besprechung der Biographie 1997 mit scheuer Sympathie von der „mutigen Naivität", die sich in diesen unbekümmerten erotischen Phantasien spiegle. Auch Fellinis Freund Simenon war, weit über dieses Karteiszenarium hinausgehend, von der Idee besessen, möglichst alle Frauen zu lieben. Immer wieder werden Zahlen in der Dimension von Zehntausend genannt. Und noch in einem 1977 publizierten Gespräch mit Fellini wird wortreich und mit seit Molière vertrauter Argumentationsfigur der universale Ansatz des totalen Beglückungsprogramms beschworen und in infantiler Überbietungsmanier exponiert.

„Ich bin in meinem Leben ein größerer Casanova gewesen als Sie. [...] Ich habe, seit ich dreizehneinhalb war, zehntausend Frauen gehabt. Und das war kein Laster. Ich bin sexuell nicht lasterhaft, sondern ich hatte das Bedürfnis zu kommunizieren. Und selbst die achttausend Prostituierten unter diesen zehntausend waren menschliche Wesen, weibliche menschliche Wesen. Ich hätte am liebsten alle weiblichen Wesen kennengelernt."

Der tatsächliche „kommunikative" Wert dieses zwischenmenschlichen Interaktionsprogramms darf allerdings bezweifelt werden. Dies nicht nur aufgrund der doch recht reduzierten dialogischen Mittel, sondern vor allem wegen des reduzierten Menschenbildes, das sich in diesem Szenarium offenbart. Mit derselben Logik könnte man jedes Bordell als kommunikatives Zentrum und Prostitution als therapeutische Handreichung darstellen, wobei die jeweiligen Partner des „Dialogs" sich in der Regel zu Recht davor hüten, sich eines solch ambitiösen Vokabulars zu bedienen. Die „menschlichen Wesen", mit denen Simenon, Fellini, Casanova und Don Juan „kommunizieren", existieren allenfalls in deren Phantasie; als Individuen aus Fleisch und Blut, mit eigenen Gefühlen und Gedanken sind sie inexistent. Die Haltung, die der cineastische Kritiker connaisseurhaft als das Spielen „zweier erwachsener Kinder", die ihr Leben lang in einer Phantasiewelt leben und die Realität als Spielzeug begreifen, goutiert, ist indes weitaus ambivalenter, als der spielerische Gestus erkennen läßt. Der Kult des Spielzeughaften, Unechten, der Leichtigkeit des Seins, der virtuellen Virtuosität birgt – selbst für die beiden Altmeister dieses Spiels – die Gefahr eines Verlusts des Weltbezugs, des sozialen Daseins in sich. Symptome hierfür sind unter anderem Fellinis neurotische Depressions- und Krankheitszustände wie auch Simenons graphomanische Exzesse. Fellini selbst beklagte immer wieder den Verlust an Wirklichkeitsgefühl und Verbindlichkeit, den er an sich wahrnehme und der doch zugleich Voraussetzung seiner Kreativität sei. So gesehen ist die Darstellung der seriellen Sexualität auch Chiffre für ein artistisches Dilemma, das in der unendlichen Reproduktion der Reproduktion seinen Niederschlag findet und Fellini immer mehr in re-installierte Cinecittà-Welten ausweichen läßt.

Den „Don Juan pipés" kommt in der Tat die Wirklichkeit in dem Maße abhanden, in dem sie versuchen, ihr System, das System der Liste, zu perfektionieren. Nachgeschobene Interpretationen, die dieses System philosophisch oder, wie eben, kommunikativ aufwerten wollen, sind allenfalls Indizien für eine beginnende Krise im Umgang mit sich selbst. Hilflose Gesten, um das phallische Schiff auf Kurs zu halten, so hilflos wie Fellini, der, Leporello seiner selbst, bei den häufigen Büroumzügen immer erst die Karteimappen in Sicherheit bringt. Als ob hier seine eigentlichen und einzigen Geliebten zu finden wären, in diesen Mappen mit Aufschriften wie „Üppige Schönheiten", „Irgendwie brauchbar", „Zubringer-Huren", „Farbige Frauen" und Charakteristiken wie „sehr groß, imponierendes Prachtweib" oder „Sehr schön, groß und katzenhaft grausam". Gespenstische Ersatzwirklichkeiten, in der die zerstückelten Einzelbestandteile der „Menschen" im Papierarchiv der Erinnerung magaziniert werden. Hinter diesen Ersatzwirklichkeiten nach den Originalen, den sogenannten „menschlichen Wesen" zu suchen gehört nicht zu den Regeln des Giovanni-Prinzips. Die Menschen werden zu Karteileichen eines Systems, das die Verarbeitung des anderen zur Voraussetzung hat. Durch den Listeneintrag numerisch registriert, wird das Individuum irrelevant. Don Juan täuscht sich. Und die anderen. Seine Liebe verlischt nicht, aber sie löscht aus.

Stadt der Frauen

„Herden" von Frauen bleiben zurück. Aus der Sicht des Don Juan-Typus stellt sich die Situation ursprünglich alles andere als problematisch dar. Ebensowenig wie der Kunde sich weiter Gedanken macht über das Leben im Supermarkt, aus dem er sich bedient. Konsumartikel haben keine Geschichte. Wiederbenutzung ist nicht vorgesehen. Wenn es dennoch dazu kommt, entsteht Mißvergnügen. Trotzdem wird die Rechnung Don Juans nicht aufgehen. Von Beginn an zeigen einige der begehrten Frauen so etwas wie Eigenleben. Spätestens seit Molière ist dieses eigene Frauenleben als Leiden konkretisiert. Das Unglück trägt einen Namen: Elvira. Unter allen Figurenkonstellationen ist die Beziehung Don Giovanni – Donna Elvira die irritierendste. Denn zwei absolut unvereinbare Konzepte kommen hier miteinander in Berührung, zumindest gelegentlich. Und bereits diese wenigen Momente zeitigen mentale Katastrophen und emotionale Exzesse: „gli vo' cavare il cor" – das Herz will ich ihm herausreißen, verspricht Donna Elvira in ihrem ersten Auftritt in Mozarts Oper dem „mostro" Don Giovanni, dem sie dennoch nach dreitägiger Ehe durch halb Spanien folgt.

Eheliches „Santo diritto" und Don Juans Leporello-Prinzip stehen im größtmöglichen Gegensatz zueinander: einen Partner auf ewig will das eine, ewig einen neuen Partner das andere Gesetz; Einmaligkeit der Beziehung steht im Zentrum des einen, die einmalige Beziehung im Zentrum des anderen Konzepts. Ein heiratender Don Juan ist Widerspruch in sich selbst. „Le nozze di Don Giovanni" wären ein Widerspruch in sich.

Kehren wir noch einmal zu einigen Schlüsselstellen der Mozart/Da Ponte-Oper zurück.

Wenn Leporello unmittelbar nach der ersten Konfrontation zwischen den Ehegatten „Trost" durch die gemeinsame Listen-Lektüre spendet, ist dies potenzierte Provokation. Elviras Reaktion: „vendetta, rabbia e dispetto", Rache, Wut, Verachtung werden in dem Maße zu strukturierenden Leitaffekten des Endspiels um Don Giovanni, als es gelingt, diese Gefühle aus der Isolation individueller Kränkung abzulösen, sie zu kollektivieren und damit zu politisieren. Donna Elvira leitet einen gewagten gedanklichen und emotionalen Prozeß ein, der sich auf keine Tradition berufen kann. Sie ist zunächst allein auf ihr Gefühl angewiesen und agiert am Rande der Akzeptanz und der Lächerlichkeit – Pietistin im Rokokokostüm. Das weibliche Umfeld aus fröhlich wippenden und tanzenden Bäuerinnen, tändelnden Schäferinnen und mondänen Masken vermittelt eher ein lasziges Cosí-fan-tutte-Feeling von *„piacere"*, *„festa"*, *„lalala . . ."* Elvira ist zunächst ganz auf sich gestellt. Sie wird zur Verkörperung ihrer Moral und schiebt diesen ungeliebten Körper zwischen Don Giovanni und die Frauen. Die Rache der nicht Begehrten manifestiert sich in systematischer Verhinderung des Begehrens. Als die leichtlebige Zerlina im Begriff ist, sich der Verführung Don Giovannis hinzugeben, unterbricht die mit „äußerst verzweifelnden Gebärden" anstürmende Elvira die sich anbahnende Erfüllung. Gemeinsam mit Donna Anna wird sie das Opfer aus der Gefahr des drohenden Sexualverkehrs befreien und die Bühne mit der verwirrten Zerlina – diese „mit sich führend" – verlassen. Der als „Verbrecher" bezeichnete Don Giovanni bleibt frustriert zurück. Auch wenn es nicht unbedingt nur der Ausdruck „d'un innocente amor" war, was sich da anbahnte, sondern eher eine besondere Art des „divertimento", so war ganz sicher auch kein verbrecherischer Akt in Vorbereitung. Keine Vergewaltigung drohte, sondern allenfalls die Verführung einer erwachsenen jungen Frau, die das Spiel von Treue und Verführung, Widerstand und Hingabe offensichtlich mit raffinierter Naivität mitzuinszenieren versteht. Was den emotionalen und rhetorischen Aufwand Donna Elviras betrifft, so könnte man freilich den Eindruck gewinnen, es handle sich tatsächlich um die Verhinderung eines Verbrechens auf Leben und Tod. Und eben dieser Eifer irritiert. Soziales Engagement wird hier von egoistischer Rachsucht begleitet, und die moralische Rettungstat bekommt einen unangenehmen Beigeschmack von Sexualneid.

Doch auch Don Giovannis Strategien zur Gestaltung seiner „divertimenti", seiner harmlosen Vergnügungen, sind nicht frei von Doppeldeutigkeit. Immerhin ist es nicht nur die Kraft seiner charismatischen Persönlichkeit, die ihn in Reichweite dieses erotischen Triumphes Nr. 1004 bringt, sondern ein betrügerisches Heiratsversprechen:

„Don Giovanni

Auf der Stelle will ich dich heiraten.

Zerlina

Ihr?

Don Giovanni

Sicher, ich.
Dieses Schlößchen da gehört mir, wir werden allein sein und dort, mein Juwel, werden wir uns vermählen." (I, 9)

Auch hier also wird der Apparat der Institution „Ehe" in Szene gesetzt und gleichzeitig ad absurdum geführt. Noch-Ehemann Don Giovanni versucht eine vor der Vermählung stehende junge Frau durch ein neuerliches Eheversprechen zum Absprung zu veranlassen – und diese willigt nach kurzer Zurschaustellung von Mindestskrupeln auch tatsächlich unmittelbar darauf in den Gefühlsdeal ein. Wie ernst sie in diesem Moment das adlige Heiratsversprechen nimmt, wissen wir nicht, daß der Aristokrat es auf seine Art und in seinem Sinn deuten wird, ist indes gewiß; sein „Là mi dirai di sì" meint ein Ja-Wort, das gewiß nicht mit dem sentimentalen Küßchen am Traualtar besiegelt wird. Dennoch ist es bemerkenswert, daß der Ehe-Diskurs selbst jene Partien des Textes überlagert, die dezidiert antimoralistisch im Sinne des sich konsolidierenden Bürgertums zu funktionieren scheinen.

Nicht nur Don Giovanni argumentiert zweigleisig, fast alle anderen Figuren geraten gleichfalls, bewußt oder unbewußt, in ambivalente Argumentationen oder Situationen. Donna Anna etwa, die – unmittelbar nachdem die erotischen „piacevoli progressi" empfindlich gestört wurden – sich ironischerweise gerade an Don Juan wendet, mit der Bitte, die Frevel Don Juans zu rächen. Eine Rolle, die dieser, ohne zu zögern, mit beachtlichem Feuer – zumindest rhetorisch – übernimmt. Das Spiel mit Doppeldeutigkeiten ist nicht nur ironische Tändelei, sondern Ausdruck einer Spaltung des Bewußtseins und des Empfindens, dessen Wurzeln in der vorrevolutionären Situation zu suchen sind. In dem Maße, als bürgerliches Normdenken sich zu formieren beginnt, artikulieren sich Zwänge, die an die Substanz der Individuen rühren und sie zwingen, reflexartig, halbbewußt, subkutan den Forderungen auszuweichen, ohne den Konsens mit der Norm zu verletzen. Dies erfordert mentales Geschick, nicht selten resultiert daraus ein akrobatischer Seiltanz am Rande des psychischen und physischen Abgrunds. Elvira, tugendhaft Liebende *und* blindwütig Rachsüchtige in einem; Zerlina, kleinbürgerliche Ehefrau *und zugleich* von aristokratischen Genußphantasien besetztes „süßes Mädl"; Anna, fromme Verlobte *und* potentielle pränuptiale Ehebrecherin; Ottavio, redlicher Rächer *und* unfähiger Zauderer; Masetto, halb aufmüpfiger Figaro, halb lahmer Opportunist; Leporello, moralische Instanz *und* zugleich voyeuristischer Mitläufer. Fast scheint es, als sei überraschenderweise Don Giovanni die einzige intakte Figur, das heißt, nicht ein bei der geringsten Berührung in verschiedene Bewußtseinsteile zerfallendes Spaltprodukt. In der Tat wird er im Unterschied zu den anderen Akteuren nicht von den gegenläufigen Facetten des gesellschaftlichen und individuellen Lebens zerstückt und aufgerieben, sondern versteht es, sich der diversen Diskursebenen aus gesicherter Position zu bedienen; als begnadeter Lügner ohne ideologische Bodenhaftung streut er, ganz angepaßt an die jeweilige Situation, Gesinnungspartikel der verschiedenartigsten Couleur: mimt hier für Momente den wahrhaft Liebenden, inszeniert dort glaubhaft den Rächer verfolgter Tugend, verwandelt sich zum fürsorglichen Ratgeber, um im nächsten Augenblick blasphemisch zu provozieren. Don Giovanni ist kein Tartuffe, denn seine Verstellung ist stets Spiel, während Tartuffes Verstellung immer strategisch zu sehen ist.

Don Giovannis zugleich raffinierte und krude Lebensform wird in Relation zu seiner Umwelt immer mehr zur atavistischen Außenseiterposition. Dramaturgisches Zeichen hierfür ist seine figurale und ideologische Umstrickung durch die Schar der weiblichen Mit- und Gegenspielerinnen. Nur wenige Momente der Ruhe sind dem Protagonisten von nun an auf der Bühne gegönnt, und jeder sich anbahnende Höhepunkt wird durch den Auftritt der moralistisch-militanten Instanzen empfindlich gestört. Ist Donna Elvira zunächst noch auf sich selbst gestellt, so beginnt sich bereits in Szene XII eine Gruppe, bestehend aus Elvira, Anna und Ottavio zu formieren. Eine Gruppe, die bereits durchaus imstande ist, Giovanni in die Defensive zu drängen.

Ganz offenkundig fehlt Zerlina die nötige Ernsthaftigkeit und soziale Dignität, um in dieser Gruppe mitagitieren und -agieren zu können. Während die drei maskierten Ordnungsstifter als Racheengel zum großen Finale des ersten Aktes schreiten, ist Zerlina noch damit beschäftigt, den gekränkten Masetto listig zu versöhnen und sich der weiteren, nun spürbar brutaler werdenden Annäherungsversuche Don Giovannis zu erwehren. Während der dritte Stand noch im Netz der Intrigenstränge zappelt, befreit sich die bürgerliche Elite allmählich aus den Handlungszwängen und versucht ihrerseits, aktiv in die Abläufe einzugreifen, das heißt Don Giovanni auszuschalten. Die soziale Kluft zwischen Herr und Knecht könnte in dieser Phase kaum deutlicher gemacht werden, und es bedarf schon einiger humanistischer Saturiertheit, um, wie Theodor W. Adorno in seiner *Huldigung an Zerlina* (1952/53), in diese irritierende, gleichzeitig malträtierte und malträtierende Figur eine höhere symbolische Bedeutung hineinlesen zu wollen. Als „Gleichnis der Geschichte im Stillstand" nämlich, so Adorno, sei Zerlina gedacht, „keine Schäferin mehr und noch keine citoyenne", Inkarnation eines unaussprechlich flüchtigen Moments utopischen Denkens, einer „Humanität, [...] unverstümmelt [...] vom feudalen Zwang und geschützt vor bürgerlicher Barbarei". Ein schöner Traum, der an dieser Stelle noch nicht zu Ende ist; die „Utopie" Zerlina wird zum Katalysator altertümlicher Männerphantasien – die Opera-buffa-Figur zum sentimentalen Gretchen-Verschnitt:

„Schlank und leicht, als wenn sie nichts an sich zu tragen hätte, schritt sie, und beinahe schien für die gewaltigen blonden Zöpfe des niedlichen Köpfchens der Hals zu zart. Aus heiteren blauen Augen blickte sie sehr deutlich umher ..."

Der Liebhaber dieses mädchenhaften Frauentyps schwärmt darüber hinaus von der Idee der Vermischung von „rustikale[r] Rohheit" und „Raffinement" und belastet die Figur zudem mit einem Deutungshorizont nahezu philosophischer Dimension:

„Sie nimmt den utopischen Zustand vorweg, in dem der Unterschied von Stadt und Land aufgehoben ist."

Angesichts dieser gewaltigen Ideenlast, die der fragilen „Episodenfigur" chimärengleich aufgehalst wird, stellt sich die Frage, ob es nicht weit mehr das Gewicht der geschichts- und kunstphilosophischen Konstrukte als das der „gewaltigen blonden Zöpfe" ist, das die Gefahr bildet, ihr das dünne Hälschen zu brechen. Allerdings, die gewandte Vertreterin der Unterschicht wird es geschickt verstehen, alle Systeme auszuhebeln und sich mit allen Trends zu arrangieren: mit Don Giovanni ebenso wie mit Masetto, wie auch mit der Phalanx der Rettenden, in deren Reihen sie im zweiten Teil der Oper integriert wird. Am Ende wird sie sogar als einzige (und ganz im Gegensatz zu den spürbar geschwächten Personen von Stande) eine glaubhafte Strategie des Weiterlebens in der Zeit nach Don Giovanni anbieten:

„ZERLINA/MASETTO

Wir [...] gehen nach Hause,
Um gemeinsam zu essen."

Diese pragmatische Haltung mit all ihren Chancen und Schwächen zum Sinnbild einer begnadeten historischen Stunde umdeuten zu wollen ist aus mehreren Gründen fraglich. Der wichtigste ist, daß die Individuen durch diesen ideologischen Überbau aus dem Blick verschwinden. Dies gilt besonders für diese Geschichte, in deren Zentrum ohnehin die potenzierte Form einer männlichen Traumexistenz steht und die zudem fast ausschließlich von Autoren tradiert wurde. Kein Wunder, wenn die Frauenfiguren in Gefahr sind, häufiger verklärt oder verleumdet, diffamiert oder gepriesen als in ihrer komplizierten Widersprüchlichkeit erklärt, zumindest aber beschrieben zu werden.

Da Pontes Text ist ein solcher Versuch, den historischen Ambivalenzen und den subjektiven Widersprüchlichkeiten gerecht zu werden, ohne selbstgerechte Deutungen überzustülpen – was freilich nicht verhindern konnte, daß genau dies eintrat: Mit E. T. A. Hoffmanns Erzählung wurde die Oper zentraler Bezugspunkt jeder weiteren Aus- und Umdeutung des Mythos von Don Juan. Und häufig werden im Kontext dieser Neuinterpretationen eben jene kennzeichnenden Doppeldeutigkeiten ins Eindeutige gewendet, die die Qualität des Werks von Mozart/Da Ponte ausmachen, weil diese komplizierte kleine Geschichten darstellen, statt große Linien der Geschichtlichkeit zu beschwören.

Donna Anna als „Satans geweihte Braut" war das erste und prominenteste Opfer der großen Interpretationskampagne – aber auch die anderen Frauen sind ständig in Gefahr, in die Rasterfahndung der Philosophen zu geraten und zu „Bedeutungsträgerinnen" zu mutieren – Zerlinas „Sinnbildwerdung" im Geiste des ihr so wohlgesonnenen Ehrenretters Adorno war ein Beispiel für diese Tendenz zur ideengeschichtlichen Simplifizierung von Literatur in der einen oder anderen Richtung. Entweder – oder? heißt es bei den Philosophen. Entweder Du paßt in mein System – oder ich passe Dich in mein System ein; „Entweder – oder?" war folgerichtig auch Kierkegaards großer Don Juan-Essay überschrieben, in dem Zerlina nun auf Winzlingsformat reduziert erscheint; als „gewöhnliches Bauernmädchen" ohne jede Besonderheit charakterisiert Kierkegaard die Verführte, und er begründet diese Einschätzung aus der Sicht seines Verständnisses von Mozarts Intentionen:

„…denn Mozart hat mit Fleiß *Zerlina* so unbedeutend wie möglich gehalten
[…]. Wäre nämlich *Don Juans* Liebe anders denn als sinnlich bestimmt, wäre er
im geistigen Sinne ein Verführer gewesen, […] so wäre es ein Grundfehler des
Stückes gewesen, daß die Heldin in der Verführung, die uns in dem Stück dra-
matisch beschäftigt, ein kleines Bauernmädchen ist."

Als gewöhnliches „kleines Bauernmädchen", so der Philosoph, sei
sie indes für Don Juan mögliches Objekt der Verführung, denn, so
orakelt der krause Denker weiter, Juan sei keiner, der ein „unge-
wöhnliches Mädchen braucht, um glücklich zu werden":

„Nicht das Ungewöhnliche begehrt Don Juan, sondern das Gewöhnliche, das
sie mit jeder Frau gemein hat."

Und ebendarum wird sie dem Protagonisten „gefährlich", ebenso
gefährlich wie Elvira oder jede andere der Verführten, denn:

„Sobald sie verführt ist, ist sie in eine höhere Sphäre emporgehoben. […] Darum
ist sie ihm gefährlich."

Was Texte wie denjenigen Kierkegaards interessant macht, ist nicht
ihr Aussagewert über die Figuren der Geschichte des *Don Juan,*
sondern ihr entblößender, verräterischer Charakter in Bezug auf
ihre Verfasser. Männer(ur)ängste und Wünsche werden hier verbal
beschworen und philosophisch gebändigt, ein Gefühl der Bedrohung durch Frauen gleichzeitig exponiert und negiert. Konstrukte
von Weiblichkeit, die, aller intellektuellen Brillanz zum Trotz, den
Zugang zu Frauen blockieren, weil sie das Individuum zugunsten
der Spezies „an sich" ausblenden. Adornos Versuch der Überhöhung Zerlinas stellt nur eine andere Technik im Umgang mit demselben Phänomen dar.

Bei Mozart/Da Ponte begegnet man hinter dem Typus der
Opera-buffa-Figur jedoch einem sehr eigenwilligen Individuum,
dem sogar in einer großen Arie der Raum zur Darstellung ihrer hin-
tergründigen Gefühlswelt eingeräumt wird. Im Gespräch mit Masetto, der ihr begreiflicherweise Vorhaltungen wegen ihres Verrats
am Tag der Hochzeit macht, reagiert sie ebenso listig wie entwaff-
nend, wobei vieles angedeutet, aber eben nur angedeutet wird:

„Aber wenn ich doch keine Schuld habe!
Aber wo er mich doch
betrogen hat … Und dann, was befürchtest du?
[…]

Er berührte nicht einmal meine Fingerspitzen.
Du glaubst mir nicht? Undankbarer!
Komm her; tobe dich aus; erschlag mich,
mach alles mit mir, was dir gefällt ..." (I, 16)

Zerlinas Angebot, sich körperlicher Züchtigung zur Verfügung zu stellen, sollte nicht wörtlich genommen werden. Hier ist kein latenter Masochismus zu spüren, wohl aber Gespür für die psychische Situation des anderen; ein Restrisiko bleibt, Zerlina laviert zwischen den Fronten von Don Juans aggressiver und Masettos derber Sexualität, und sie versucht gleichzeitig, einerseits ihren eigenen sinnlichen Bedürfnissen und andererseits den moralischen Ansprüchen der Gesellschaft gerecht zu werden. So ist sie gezwungen, unterschiedlichste Rollen zu spielen und zwischen ihnen oft sprunghaft zu interagieren. Als Frau und Unterste in der sozialen Hierarchie des Spiels bleibt ihr keine andere Wahl, als zugleich an allem und an nichts Anteil zu haben. Weder Don Giovannis freizügige „Libertà" noch der politische „Libertà"-Traum der Bürgerlichen kann ihr verbindliche Koordinaten liefern. Ihr Freiheits- und Verhaltensspielraum ist eng definiert zwischen Ansprüchen der verschiedensten Art, die teils verführerisch, teils gewalttätig durchgesetzt werden. „Hexe", „briccona", wie Masetto sie einmal nennt, ist sie am allerwenigsten.

Im Finale des I. Akts tanzen drei Paare synchron drei verschiedene Tänze. Don Ottavio und Donna Anna Menuett, Leporello zwingt Masetto zum „Teitsch", dem derben deutschen Tanz, und Don Giovanni Zerlina zur Contredanse. Ein choreographisches Bild für die unterschiedlichen Lebensstile und Interessen. Zerlina wird zwischen höfischer Oberschichtshaltung und bäuerlichem Trampeltanz in eine trügerische Mittellage „geführt", verführt und aus ihr brutal entführt; die Schreie des Opfers, Zerlinas, hinter der Szene lösen die Tanzordnungen abrupt auf und führen zum kollektiven Proteststurm: Don Ottavios Pistole gegen Giovannis in der Scheide klemmenden [sic!] Degen – der Ausgang ist eindeutig. Don Giovanni flieht vor dem Kollektiv, in dessen Reihen wenig später zum erstenmal nun auch Zerlina erscheint: „Trema, trema, o scellerato!"

Nicht nur Zerlina, alle Frauen sind in dieser Oper Grenzgängerinnen. Auch die oft gescholtene Donna Elvira, deren zwiespältige Gefühle zwischen Verachtung und Liebe, Haß und Sinnlichkeit immer wieder vorgeführt werden: am diffamierendsten durch Leporello in der Rolle Don Giovannis. Die identifikatorischen Vexierspiele werden immer häufiger zugleich zu solchen des sadistischen Quälens. Im Endspiel der Gesinnungen ist jeder bereit, sich um ein wenig Glück zu verkaufen.

Zu diesem Deal allerdings wird es nicht mehr kommen. Zu stark ist mittlerweile die gruppendynamische Supervisionsmacht der anonymen Moraliker, als daß ein individuelles Entkommen möglich wäre: der gemeinschaftliche Verzicht, nicht das Glück aller ist der fadenscheinige Heilshorizont dieser prärevolutionären Egalité-Kohorte: „Siam tutti morti" – der Angstschrei Leporellos könnte für alle gelten, und als lebende Gefühlstote nur werden sie auch die Scena ultima verlassen. Die gewünschte Besänftigung der Herzen, der „sfógo del cor", den Donna Anna so sehnsüchtig erfleht, er wird, so steht zu befürchten, eintreten und allen Figuren jene emotionale Ruhe bescheren, die Don Giovanni auf dem Kirchhof so empfindlich und folgenreich ein letztes Mal störte.

Das Prinzip des Don Juan eignet sich nicht zum Umgang mit lebenden Menschen. Allenfalls Konserven oder Artefakte von Menschen sind seiner rabiaten Konsumhaltung gewachsen. Und tatsächlich wird dies der entwicklungsgeschichtliche Endzustand der Geschichte sein. In Fellinis *Stadt der Frauen* (1980) zeigt eine der zentralen Episoden, die sich an die Figur Dottor Sante Katzones, des Mannes, der zehntausend Frauen besessen hatte, anlagert, ein groteskes Szenarium. Überlebensgroße Portraits der ehemaligen Geliebten zieren beidseitig die Wände eines labyrinthartigen Gedächtnismausoleums, in dem der Don Juan-Nachfahre des zwanzigsten Jahrhunderts die Galerie seiner Eroberungen gruppiert hat. Die Bilder der Frauen sind von innen durch Knopfdruck beleuchtbar, zudem erklingen Tonkonserven, auf denen die Laute, die die Frauen während des lange zurückliegenden Liebesspiels von sich gaben, aufgezeichnet sind, so daß in der Art eines light and sound-Spektakels – auf Knopfdruck – die gespeicherten erotischen Erfahrungen jederzeit abgerufen werden können. Mit bald andächtigem, bald genüßlichem Staunen wandelt der Betrachter durch diese Hallen der Lustreliquienschreine, eine Art High-tech-Leporello in Stein, um bald diese, bald jene Orgasmushymne elektrisch erklingen zu lassen: ein bizarres Konzert aus gleichzeitig extravaganten und monotonen Klängen, das durch die Reproduzierbarkeit allen-

Juans starker Abgang: von den Frauen gedeckt

falls kurios befremdende, keineswegs erotisierende, stimulierende Gefühle erregt. Die Ruhmeshalle des Geschlechtsverkehrs und ihr sich selbst imperial verklärender Eros-Heros stellen eine groteske Perfektionierung der verzweifelten Bemühungen um Sinngebung des Banalen dar. Das Projekt verkommt zur lächerlichen Sexkitsch-Ruine, an deren Ausgang der Herr der Zehntausend auch noch dem Bildnis der Mutter seine Reverenz erweist.

Fellinis filmisch grandiose Idee offenbart das Dilemma des Don Juan-Prinzips in der Moderne mit hedonistischer Grausamkeit. Es geht dabei keinesfalls um seine moralische Ächtung, sondern um eine Überprüfung der großen Gefühle, die von Beginn an mit dem Mythos verbunden werden. Schon Tirsos Don Juan mit seinem Conquistadoren-Gehabe oder Molières Figur, die sich sogar mit Alexander auf eine Eroberungsstufe stellt, versuchen ihre sexuelle Dauerpräsenz als Teil eines weltgeschichtlichen Heilsplans zu nobilitieren. Dieser Aspekt der Selbstdarstellung ist von Beginn an der vielleicht problematischste Aspekt der Legende. Zur Klamotte verkommt der Gestus vollends in der Moderne, wenn der Aktionsraum Don Juans (spätestens seit Mozart/Da Ponte) immer mehr eingeschränkt wird, der philosophisch-parareligiöse Anspruch jedoch gleichzeitig überdimensional anwächst – man denke an Grabbes oder Kierkegaards donjuaneske Weltprinzipien-Reiterei. Die sich immer weiter spreizende Schere zwischen gesellschaftlichem Bankrott und subjektivistischem Befinden schnappt endlich in der Moderne zu: Die Figur wird zum jämmerlichen Kuriosum degradiert. Seine Verewigungsrituale lösen weder erotische noch heroische Schauer aus, im Gegenteil, die erwähnten Episoden sind zu den satirisch überzeugendsten des Films zu zählen.

Denn längst hat sich der Kontext, innerhalb dessen der technisierte Donjuanismus sich zu inszenieren versucht, grundsätzlich gewandelt. In Fellinis Film wird das entstandene Vakuum geradezu topographisch erfahrbar; die erwähnte Episode spielt am Rande eines gigantischen Kongresses der Frauen aller feministischen Couleurs, in den die ohnehin bereits modeste Variante des Don Juan – auf den geistigen Spuren des großen Vorbilds – eher zufällig gerät und aus dem sie ziemlich gewaltsam hinausexpediert wird. Auf der Flucht vor den emanzipatorischen Frauen gelangt der Held schließlich in das randständige Refugium des karikierten sexuellen Großmeisters, der sein artifizielles Erosmausoleum auf Widerruf in der

Abgeschiedenheit einer Wildnis geheim errichtet hat. Ein Juan ohne Öffentlichkeit geht freilich all seiner provokativen, blasphemischen Kraft verlustig. Der Treibhausgarten der Lüste, den „er sich selber erbaut", ist allenfalls als persönliches Kuriosum in der Art von D'Annunzios *Vittoriale* von Interesse, als infantile Spielzeug-Marotte ohne jede gesellschaftliche Relevanz im Positiven wie im Negativen. Ein großes Kind, das es nie lernen wollte, seine sexuellen Bedürfnisse in irgendeiner Form zu sozialisieren, hat sich trotzig in seiner sexuellen Kitschidylle abgeschottet, um dort noch einige Stunden zu fristen (bevor das „Imperium" von Staats wegen aufgelöst wird). Ein Schwarzbau der Lüste, kein Monument der Lust gilt es hier zu betrachten. Bedroht, kontrolliert, gejagt von militanten Frauenrudeln, die bald eindringen werden, um die Männer mitsamt ihren Spielzeugpuppenfrauen und ihren marmornen Erotiknippes auszutreiben. Wieder wird der kleine, in den Wald seiner Triebe geratene „Don Juan" zum Objekt ihrer Aggression, so sehr, daß er bereit ist, den bergenden Kontakt zu seiner „Elvira", seiner von ihm längst innerlich entfremdet lebenden Ehefrau zu suchen. Diese allerdings ist nun selbst versucht, Bewohnerin des Elfenbeinturms der Orgasmen zu werden. Am Ende des Films steht dann auch die partielle Domestizierung des kleinen Don Juan durch diese Gattin, zu der er aus seiner sexuellen Traum- und Alptraumwelt zurückfindet. Halbherzig und dankbar zugleich.

Doch im ganzen gesehen haben sich die Machtverhältnisse längst in ihr Gegenteil verkehrt. Spätestens seit Beginn des Jahrhunderts haben die Frauen das Sagen, und „Superman" ist zum mediokren Serien-Anti-Helden regrediert. Sowohl B. Shaws *Mensch und Übermensch* (1903) wie auch Ödon v. Horvaths *Don Juan kommt aus dem Krieg* (1918) sind Dokumente des endgültigen Abgesangs. Requiem für einen Gigolo, der bei Horvath sich damit begnügt, „Billiard mit sich selbst..." zu spielen. Frauen in Gruppen und einzelne starke Frauen aber bestimmen das Geschehen. Nicht mehr die Frauen sind den Attacken des kleinen Don Juan ausgesetzt, vielmehr wird er von ihnen, buchstäblich und symbolisch, verfolgt und getrieben. Hier formulieren sich offenbar männliche Urängste, die in Bilder umgesetzt alle Elemente eines psychoanalytischen Horrorszenariums enthalten: Der „Schneewittchen"-Effekt tritt an die Stelle des „Don Juan"-Schemas. Nicht mehr der Herr und Meister gebietet den Frauen, sondern eine Frau umgibt sich mit sieben geschmeidig Küßchen werfenden, neckischen Ehezwergen, die sie der Frauenkonferenz mit stolz-herablassender Selbstverständlichkeit präsentiert. Längst sind die Zeiten gewesen, in denen virile Sexualakrobaten ihre Eroberungsstreifzüge durch die Körper der Frauen antraten; nun onanieren kleine Jungs und alte Männchen in Reih und Glied unter der Bettdecke aufgereiht unter der Imago des allmächtigen Urweibes, das über ihnen schwebt; und wenn ein später Casanova, dargestellt von Mastroianni, glaubt, seine ganze Verführerroutine im Eisenbahnabteil ausspielen zu können, zieht die Frau die Notbremse und führt den „Verführer" in den Wald. Kein Femme-fatale-Klischee, das hier nicht aufgegriffen würde, selbst die Ehegattin wandelt sich zur lockenden Konkubine; die Politesse wird zur sadomasochistischen Domina, die alte Gärtnersfrau zur sexbesessenen Treibhaushexe.

Fellini zeigt ein Pandämonium angstbehafteter Männermythen, in denen die Frauen ebenso bis zur Unkenntlichkeit entstellt werden, wie sie es in den Männermythen der philosophischen Romantiker waren. Hatten seinerzeit die Frauen sich aber stets entweder in Angst- oder Opferrollen befunden oder aber waren heiligen Missionarinnen gleich erhöht worden, so bestimmt nun ein anderer – wenngleich nicht weniger einseitig stilisierter – Typus das Bild: der des dominierenden, animierenden „Weibes"; Gretchen hat den Vamp und den Vampir in sich entdeckt und geht auf Männermythenjagd: Faust und Don Juan kommen nun nicht mehr so vergleichsweise heil aus der Geschichte wie in der im besten Sinn des Wortes infantilen Künstlerphantasie Fellinis. Es ist, als ob alle pubertären Ängste, ein Leben lang konserviert, aufbrächen, um sich in Form von bilderbuch-, mythen-, märchen- und legendenartigen männerverschlingenden Frauen-Monstern zu materialisieren. Für siegessichere Don Juan-Posen ist in diesem Szenarium kein Raum mehr. Die Leitmusik der *Stadt der Frauen* ist folgerichtig nicht mehr *Don Giovanni* entnommen, sondern *Carmen*. Ihre souveräne, männerbeherrschende Erotik ist zur bestimmenden Kraft im Spiel um Liebe und Macht, Eros und Tod geworden.

„Don Juan ist lächerlich!" – In einem Brief vom 29. 02. 1925 der russischen Dichterin Marina Zwetajewa findet sich das Grunddilemma der Figur knapp skizziert. Zugleich wird der geschlechtsspezifische Aspekt, mit dem das Thema von Beginn an implizit behaftet ist, zum erstenmal aus weiblicher Sicht gedacht:

„... ein beiläufiger Gedanke: wäre Don Juan *tief* gewesen, hätte er dann alle lieben können? Ist dieses „alle" nicht die notwendige Folge der Oberflächlichkeit? Kurzum, kann man alle tragisch lieben? [...] Oder ist dieses *tragische* „alle" die Tragödie der allumfassenden Liebe – das ausschließliche Vorrecht der Frauen? (Ich kenne das von mir selbst.)"

„Beiläufig" wird hier ein zentrales Problem auf knappe Formel gebracht – der Gegensatz zwischen Quantität und Intensität der Liebes-/Erotikerfahrung. Don Juan: das ist die Ausschaltung aller Empfindung, alles „Tragischen" zugunsten des bloß Biologisch-Hormonellen. Ein Unternehmen, das die Autorin als „lächerlich" kennzeichnet, wobei sie den Beweis für diese Lächerlichkeit mit der Contradictio in adiecto der Formulierung des „alle *tragisch* lieben" erbringt. Vom Mann her gedacht, ist dieses Verhaltensschema für weibliche Sehweisen absurd. Von Frauen gelebt, könnte das komplexe Modell eines zugleich allumfassenden und intensiven Liebesprozesses verwirklicht werden. Zum Privileg der Frauen, ernsthaft und hautnah erlebt und nicht nur literarisch imaginiert, wird, was als hybrides Männlichkeitsprojekt begonnen hatte:
„Du bist eine Frau – und dadurch im Recht".
Zwetajewas im selben Zusammenhang zitiertem Satz haftet nur oberflächlich etwas „Recht"haberisches an. Genauer betrachtet, handelt es sich um den Versuch, das gestrandete Projekt einer Liebe jenseits der besitzartigen Machtstruktur, die am Ende der bürgerlichen Eheverklärung stand, auf der Ebene eines neuen Denkansatzes zu retten. Die Liebe aus dem engherzigen Fatalismus der pseudoidyllischen Zweisamkeit zu lösen, ohne in der kalten Anonymität eines materialistisch definierten Konsumverhaltens zu enden. *Daß* dieser dritte Weg gefunden werden mußte, beweist die Vielzahl der Stoffvarianten des 19. Jahrhunderts, die Don Juan als rettungs- bzw. erlösungsbedürftig darstellten und stets Frauen, ob Elviren oder Annen, Marien oder Leonoren in den Dienst dieser Mission stellten. Auch Juan selbst spürt die Notwendigkeit einer solchen Umpolung seiner Daseinsform. So ist es kein Zufall, daß etwa das Projekt einer Don Juan-Geschichte Flauberts aus der Mitte des 19. Jahrhunderts nie über ein kurzes Szenario hinauskam, also bereits im Vorfeld versickerte: „ennui", „exitation du péril", „impossibilité d'une communication parfaite" ist die dem Fragment zugrundeliegende Diagnose, und eine Anmerkung verweist auf den psychologischen Hintergrund dieser Blockade: „jalousie".

Casanova und die mechanische Puppe: Liebesautomaten

Eine Eifersucht auf die sexabgewandte Seite der Frauen, die ihm, dem nur frontal, punktuell und einmalig „kommunizierenden" auf immer verschlossen bleibt. Von daher ist zu verstehen, daß – beileibe nicht nur der Don Juan Flauberts – immer häufiger dem Bedürfnis der Erinnerung, der Wiederbegegnung, Weiterführung huldigt; der „désir de revoir des anciennes" korrigiert das eigene Prinzip von innen her, im gleichen Maße, wie es die Frauen von außen her ad absurdum führen. So wird aus der Flucht vor der Wiederbegegnung eine Sucht nach Wiederbegegnung. Was Rilke 1907/8 in den *Neuen Gedichten* (unendlich schwülstig) als „neues Selbstvertrauen" Don Juans feiert und als die Fähigkeit preist, „ernst den ganzen Blick der Frauen [zu ertragen]", umschreibt gleichfalls dieses Verwandlungsmoment, was freilich nicht Erneuerung bedeutet, sondern einen Endpunkt markiert. Allenfalls für antiquarische Nachlaßverwalter der juanesken Reliquien ist noch eine Nische – oder für seine ungleich exquisitere, literarisch reflektiertere, aber auch fragile Variante: Casanova. Fellini zeigt ihn als mechanisierte Kunstfigur auf dem gefrorenen Canal Grande, im zittrigen Duell mit einer Puppe als Geliebte.

Don Juans Nachlaß

Als es im Oktober 1787 in Prag zur Uraufführung des Don Giovanni kommt, ist unter den Premierengästen eine für diese Oper wahrlich prädestinierte Persönlichkeit zu finden: Giacomo Casanova. Man weiß, daß Da Ponte und er sich dort trafen, ja, daß Casanova sogar als Co-Autor zumindest an einer Stelle intervenierte und eine Variante zu einer Arie beitrug, die Leporello nach seiner Decouvrierung singt. Casanovas nicht ganz abgeschlossener Text läuft auf eine Begnadigung des Dieners hinaus und beinhaltet eine wortreiche Entschuldigung nicht nur der eigenen Vergehen, sondern auch derer seines Herrn:

„Colpevole non son
La colpa é tutta quanta
Di quel femineo sesso
Che l'anima l'incanta
E gl'incantera il cor.
O sesso seduttor!"

Die ganze Schuld
hat dieses weibliche Geschlecht,
das ihm die Seele verzaubert
und ihm das Herz verzaubern wird.
O verführerisches Geschlecht!

O sesso seduttor! Ach verführerisches weibliches Geschlecht! Es ist, als ob der alternde Casanova, der zu dieser Zeit sein dürftiges literarisches Gnadenbrot als Schloßbibliothekar zu Dux, hundert Kilometer nordwestlich von Prag, fristet, versuchte, die eigene Vergangenheit zu entschuldigen und den Spieß argumentativ umzudrehen. Aus dem Akt des Verführens wird der des Verführt-Werdens.

Doch auch über die biographische Pikanterie hinaus stellt die Konstellation ein geradezu emblematisches Bild für den historischen Standort der Legende am Ende der Aufklärung und am Vorabend der bürgerlichen Revolution dar: Don Juan, Don Giovanni, Casanova – diese Reihe steht zwar einerseits für die Kontinuität einer erotischen Tradition, zum anderen manifestiert sich in ihr auch ein zunächst fast unmerkbarer Verfall des Phänotyps. Erst wandelt sich der juvenile Draufgänger zum erfahrenen Strategen, der immer stärker in die Defensive zu geraten beginnt, dann tritt eine neue Figur an die Stelle der alten. Verwandt mit dem Vorgänger, was das Prinzip der quantifizierbaren Serienliebe betrifft, höchst unterschiedlich, was die Gegenstände des Begehrens und die Art der Luststeigerung anbelangt. Zwetajewa weist in ihrer Gegenüberstellung auf ein entscheidendes Differenzmerkmal hin, wenn sie betont, daß bei Don Juan Aktionismus dominiere, während Casanova sich ganz im Bereich der Reflexion bewege.

Darüber hinaus ist Casanova, wie ein Blick in seine *Memoiren* beweist, Experte des raffinierten, exquisiten, verfeinerten erotischen Genusses, eine Eigenart, die sich bei Don Juan noch kaum thematisiert findet. Der kleine, doch entscheidende Unterschied, der Giacomo von Giovanni trennt, ist mentaler Natur. Casanova ist von Beginn an, und mit sich steigernder Intensität, Literat, Philosoph, Homme des Lettres, auch und vor allem in jenem Arbeitsbereich, für den sein Name zum Synonym wurde. Seine Liebe ist immer bereits auch Literatur, nicht selbstgenügsamer sinnlicher Genuß, sondern gerade als solcher zugleich auch Material für textuelle Transformationen. Die *Memoiren* sind, so gesehen, die literarisch avancierte, ambitiösere Weiterentwicklung der vergleichsweise schlichten Leporello-Liste. Der quantitative wie qualitative Unterschied zwischen diesen beiden Vertextungsformen von Erotik markiert in etwa die Differenz zwischen den scheinbaren Doppelgängern. Für Casanova ist jeder Geschlechtsakt zugleich auch ein Akt des wahrnehmenden, inszenierenden, stilisierenden Selbstgenusses. Don Juan hatte sich damit begnügt, Buch zu führen.

Im Alter werden diese intellektuell-analytischen Fähigkeiten weiter perfektioniert: die Bibliothekars- und Memoirenschreiberkarriere der späten Jahre spricht für sich. Casanova ist die selbstreflexive Alternative zu Don Juan. Die gesteigerte erotische und philologische Bedeutungsvielfalt dieser Figurenrochade zeigt sich in nuce in zwei Variationen über das Casanova-Thema, die Arthur Schnitzler gut ein Jahrhundert später schrieb und die den rapiden Alterungsprozeß der Figur im Zeitraffer vor Augen führen. Im Lustspiel *Die Schwestern oder Casanova in Spa* aus dem Jahre 1919 begegnet man dem Abenteurer, zweiunddreißigjährig auf dem Höhepunkt seiner Fähigkeiten, souveräner Darsteller einer spielerischen Haltung, die das Dasein nach dem Motto des „aus dem Stegreif lebens" inszeniert. Selbst gravierende Konflikte wie die irrtümliche Verführung einer Frau im Glauben, es handle sich um eine andere, mit all den sich für Dritte hieraus ergebenden Irritationen, Kränkungen und Demütigungen, werden dialektisch witzelnd ad absurdum geführt, indem das Abenteuer schlicht für „ungültig" deklariert wird. Der sophistischen Haltung des Spieles haftet hier noch nichts Kleinliches oder Bigottes an, seine Inszenierung der unendlichen Leichtigkeit des Seins gibt sich als Haltung, nicht als Pose zu erkennen.

Fast um dieselbe Zeit, 1918, entsteht die Erzählung *Casanovas Heimfahrt*, die die Figur um gut zwanzig Jahre weiterdenkt – Casanova ist nun dreiundfünfzig – und zu diametral entgegengesetzten Schlüssen kommt. Nach zwanzig Jahren Exil setzt der Heimwehgeplagte alles daran, wieder in die Serenissima zurückkehren zu dürfen, und auf diesem Rückweg begegnen ihm Gespenster seiner längst vergessenen Vergangenheit, mit der ihn freilich kaum mehr etwas verbindet. Zu sehr auch haben die anderen sich in der Zwischenzeit verändert, zu sehr auch hat er selbst sich verändert: aus souveräner Verführungskraft ist lüsterne Geilheit geworden, Sinnlichkeit hat sich in hysteroide Nervenreizbarkeit verwandelt, ein seniler Neurastheniker geifert, wo ehedem ein Mann begehrt hatte:

„Als sie sich einmal neigte, um ihr Taschentuch aufzuheben, legte Casanovas entflammte Phantasie ihrer Bewegung einen so lüsternen Sinn unter, daß er sich einer Ohnmacht nahe fühlte. Daß er eine Sekunde lang unwillkürlich im Erzählen stockte, entging Marcolina so wenig, wie daß sein Blick seltsam zu flirren begann, und er las in dem ihren ein plötzliches Befremden, Verwahrung, ja eine Spur von Ekel."

Die kaum zwanzigjährige Marcolina, der er im Familienkontext einer „alten", inzwischen verehelichten, ehemaligen Geliebten begegnet, bedeutet für den Alternden eine letzte Versuchung. Die ihm körperlich und mental überlegene junge Frau zeigt sich jedoch allenfalls freundlich indifferent, was die Begehrlichkeit des Literaten, als solchen sieht er sich, geradezu manisch steigert. Es ist zugleich ein verzweifelter und hoffnungsloser Kampf um die längst verlorene Jugend – ein Kampf, den Don Juan nie zu führen hatte. Casanova hingegen inszeniert seine Häßlichkeit im selben Maße, als er versucht, sie zu überwinden: die Runzeln der Stirne werden ebenso thematisiert wie die Falten am Hals und die gelben Flecken auf den Nägeln. Ein gezeichneter Casanova, innerlich wie äußerlich korrumpiert, ambitioniert *und* voller Selbstverachtung, kommunikationssüchtig *und* nahezu autistisch, getrieben von überreizter Sinnlichkeit, gebremst von einer zerstörten, inwendigen Mechanik der Selbstbeobachtung.

Dies Bündel an widersprechenden Impulsen versucht all seine verbliebenen Energien ein letztes Mal zu konzentrieren, um Marcolina zu erobern. Und doch, es ist eine Verführung auf Krücken, ein trügerischer Sieg, von dem hier berichtet wird. In den Gewändern seines Nebenbuhlers – ein alter Don Juan-Topos – gelingt es ihm, die gekaufte, geliehene Braut zu „besitzen". Das Ende der Episode, die ihm zu höchsten Erwartungen Anlaß gibt, ist schmählich und demütigend in einem bisher nicht gekannten Grad; am Morgen entdeckt die Eroberte den Betrug, ihre einzige Reaktion ist – Abscheu:

„[Sie] betrachtete Casanova mit einem Blick unnennbaren Grauens. [...] Wut und Scham war in [...] seinem [Blick], in dem ihren Scham und Entsetzen. Und Casanova wußte, wie sie ihn sah; denn er sah sich selbst gleichsam im Spiegel der Luft und erblickte sich so, wie er sich gestern in dem Spiegel gesehen [...]: ein gelbes, böses Antlitz mit tiefgegrabenen Falten, schmalen Lippen, stechenden Augen, [...] verwüstet. Und was er in Marcolinas Blick las, war nicht [...] Dieb – Wüstling – Schurke –; er las nur dies eine [...], er las das Wort, das ihm von allen das furchtbarste war, da es sein endgültiges Urteil sprach: Alter Mann."

Seniler Narzißmus in seiner perfide potenzierten Form schafft sich hier Bilderwelten der Selbstvernichtung, wie man sie aus der Ge-

schichte dieser Figur bislang nicht kannte: Scelerato! Verbrecher! –
dies war über Jahrhunderte *das* Kennungszeichen für die Don Juans
und Casanovas aller Couleur gewesen. Das Stichwort der „senilità"
hingegen liquidiert mit einer Silbe einen ganzen Mythos. Der Spät-
heimkehrer als betrügerischer Spitzel, wahrlich ein unheimlich
schwacher Abgang aus der Welt der großen erotischen Ambitionen.
Im Vorübergehen eine dreizehnjährige Lolita erobernd und halbherzig den Nebenbuhler um Marcolina erstechend, bleibt doch nur
das eher resignativ getönte Bild eines demontierten, eines „geschän-
deten" Casanova zurück. Verlierer in einem hoffnungslosen Kampf
von „List gegen Vertrauen, Lust gegen Liebe, Alter gegen Jugend".

Casanovas Heimfahrt ist, so gesehen, auch die Geschichte eines
Niedergangs, der in einer früheren Szenenfolge Schnitzlers als Zeit-
erfahrung der *Décadence* vorgeführt wird. Wenngleich der Protagonist dort nicht den Namen Don Juans, Don Giovannis oder Casanovas trägt, sondern Anatol heißt; der gleichnamige Zyklus von
Szenen aus den Jahren 1888–91 stellt in spielerischer Form eine Art
Abgesang auf den Mythos des Frauensammlers dar, der Anatol wie
seine großen Vorläufer noch immer zu sein glaubt. Bereits die erste
dieser Szenen, in der mittels eines hypnotischen Verfahrens die
Treue der Partnerin ergründet werden soll, offenbart jedoch, daß
der Erforscher der Frauen im Begriff ist, die eine Frage an das
Schicksal zuviel zu stellen. Denn mit der Frage nach der *Treue* der
Geliebten kommt eine vollständig systemfremde Kategorie ins
Spiel, eine Kategorie, die ausschließlich für jene Art von Beziehungen relevant ist, die der Serientäter bislang durch seine Vorgehensweise ad absurdum geführt hatte.

Deutet sich hier bereits eine intellektuelle und emotionale Schief-
lage an, so steigert sich dieser Eindruck in den nachfolgenden
Episoden immer mehr. Zugleich wird klar, daß Anatol letztlich an
absoluten Erkenntnissen über die Gefühle anderer gar nicht interessiert ist, noch auch an diesen anderen, den Frauen selbst, sondern
letztlich nur an den Stimmungen, die ihre Erscheinung in ihm aus-
zulösen vermag. Das „süße Mädl" der Vorstadt wird als lebendes
Bild in rührender Umgebung („kleines dämmriges Zimmer", „ein
paar alte, schlechte Kupferstiche mit verblaßten Aufschriften")
goutiert, wie die „böse Mondaine" in erlesenem Ambiente („Ma-
kartbuketts", „matter Samt" und das „affektierte Halbdunkel eines
sterbenden Nachmittags"). Nicht das Inszenieren sexueller Begeg-

nungen steht folgerichtig im Zentrum seiner Anstrengungen, sondern das Arrangieren exquisiter, ihn erotisierender Arrangements. In *Episode* sichtet er im „Asyl seiner Vergangenheit" die Reliquien der eroberten und „abgelegten" ehemaligen Geliebten: kleine Päckchen, sorgsam von Bändern zusammengehaltene Bilder, Briefe, Locken, Schleier sind die Ingredienzien dieser flüchtigen Vergangenheitsbeschwörung, der nichts unerwünschter wäre als eine konkrete Wiederbegegnung. Aus dem einstigen Eroberer und Abenteurer ist der sentimentale Nachempfinder von Episoden seiner eigenen Vergangenheit geworden; eine luxuriöse Häppchenkultur virtueller erotischer Leckerbissen statt des früheren ungestümen Heißhungers und Sexualappetits, der ehedem für seine Spezies so kennzeichnend gewesen war:

> „Während ich den warmen Hauch ihres Mundes auf meiner Hand fühlte, erlebte ich das Ganze schon in der Erinnerung. [...] Gewiß konnte sie in diesem Augenblick nichts anderes denken als mich – nur mich. Sie aber war für mich jetzt schon das Gewesene, Flüchtige, die Episode."

Ein Gestus von Souveränität, der allerdings schnell brüchig wird, nämlich immer dann, wenn die „Sexualziele" sich konkret materialisieren und die Konzepte und Liebesideologien des Zauberers Anatol mit einem Schlag als Phantasmagorie, Illusion und Selbstbetrug entlarvt werden. Als Antiquitätenhändler und poetischer Fetischist, als perfekter Raumgestalter und Designer von Gefühlen vermag Anatol die Pose seiner Überlegenheit aufrechtzuerhalten. Wenn die Wesen, die die Geisterbahn seiner erotischen Träume bevölkern, als lebende Individuen erkennbar werden, kollabiert sein System: Unsicherheit, Treuewahn, Eifersucht und Verletzbarkeit, alle Affekte, die mit der Banalität wirklichen, sozialen Daseins in Verbindung stehen, brechen auf und führen zum abrupten Absturz der Phantasmagorie in „Agonie".

In einer Art „Epilog" wird die Konstellation aus der Sicht des um 20 Jahre gealterten Anatol in einer etwas später entstandenen Schlußszene rückblickend kommentiert. Auf der verbalen Ebene hält das Netzwerk, das Gespinst der scheinbaren Autonomie dem Außendruck noch immer stand: Sätze wie

> „Ich mache mir meine Jungfrauen selber."

sind freilich eher als witzig-angestrengte Aphorismen denn als einigermaßen tragfähige konzeptionelle Aussagen zu begreifen und ganz am Ende des kleinen Zyklus um den Alternden findet sich denn auch eine Äußerung, die den Prozeß des allmählichen Zerfalls der erotischen Traumweltherrschaft thematisiert und an deren Stelle die triste Diagnose einer gravierenden Depression stellt:

„... es ist krank! Aber mein Leichtsinn ist so schwermütig geworden. Ich schleppe alle meine Erinnerungen mit mir herum ..."

Es ist, als ob die kleinen Memoiren-Päckchen ein Gewicht erhalten hätten, das den erotischen Antiquitätensammler hinabzieht und an den Seidenbändern, mit denen er die Memoiren einst bündelte und bändigte, zappeln läßt. Wie in Fellinis *Casanova*-Film von 1976 steht am Ende der letzten Episode der Tod. Anatol geht auf brüchigem Gefühlseis in eine ungewisse Zukunft. Der greise Casanova träumt von einem zugefrorenen Canal Grande und erstarrt in der Umarmung seiner letzten Liebe: einer lebensgroßen mechanischen Puppe von großer steriler Schönheit. Der Versuch, die Auseinandersetzung mit der Welt auf die Jagd nach den Frauen zu konzentrieren und diese wiederum auf eine geschichts- und gesichtslose Kopulationsmechanik zu reduzieren, ist endgültig als gescheitert zu betrachten. Noch eine letzte Paarung mit der klappernden Maschine, ein letzter Liebesakt im Kopf, eine virtuelle elektronische Ekstase mit der Computer-Maske vor den Augen. Ein – aus, smick – smack, so klingt's bei Fellini. Die Frau aus dem Mikrochip, binär gespeichert, dual abrufbar, ist die finale Antwort auf das menschenverachtende Reduktionsprogramm, das dem Listen-Prinzip letztlich, aller romantischen Verklärung zum Trotz, zugrunde liegt: Die Gleichung Mann = Phallus, Frau = Vagina, Liebe = Geschlechtsverkehr zeitigt einen Menschentypus, der an sich selbst zugrundegeht, sobald die Reflexion oder die Wirklichkeit des anderen in seiner Ganzheit ihn einholt. Die emotional Toten freilich können noch eine ganze Weile auf den PC-Tasten ihres Sexprogramms herumklicken und Karteileichen beschlafen. Die Menschen um sie her haben damit nichts mehr zu tun. Die Horrorvision von ungezählten High-tech-Laptop-mini-Don Juans freilich, die nur mehr Reisen durch die Körper ihrer Cybersex-Monturen antreten, wobei Joystick und Teledildonics zu wichtigen Exekutivorganen der Lust werden, konnten freilich selbst die weitsichtigsten Kritiker des Don Juan-Prinzips noch nicht erahnen.

Sowohl am Ende des Don Juan- wie auch des Casanova-Mythos steht Frustration. Fellini selbst zeichnet das schonungslose Bild seines Protagonisten, den er als pedantischen Telefonbuch-Sex-Maniac alles Mythischen zu entkleiden versucht: Casanova, so Fellini, der ihn als „Liebhaber mit eiskaltem Sperma" beschreibt, „muß gänzlich neu erfunden werden. Statt in der lebenssprühenden Vermummung des unermüdlichen Eroberers denke ich ihn mir als einen alten, zugrunde gerichteten Trottel, auch ein wenig marionettenhaft. [...] In seine feuchte Placenta eingeschlossen, ist mein Casanova ein Mythomane, der nie wahre Leidenschaft empfunden hat. [...] Ungeachtet seiner Haifischgier ist sein Leben wirklich wie unter Eis abgelaufen, ein Kreisen in Äußerlichkeiten und Zerstreuungen, so daß es am Ende einen dumpfen, echolosen Klang hat und das groteske Geschwafel von jemandem ist, der sein Gedächtnis verloren hat."

Don Juan und Blaubart

Es ist kein Zufall, daß Schnitzler, der Zeit- und Kulturgenosse Freuds, sich dem Problem des Donjuanismus so intensiv und von so unterschiedlichen Seiten her zu nähern versuchte. Längst war das Phänomen der Sexualität in sein wissenschaftliches Stadium eingetreten: Freud, Breuer, Krafft-Ebing und andere versuchten, viele soziale und persönliche Verhaltensmuster auf dem Hintergrund ihrer Bedeutung für die sexuellen Bedürfnisse des jeweiligen Individuums zu entschlüsseln und sie – abgelöst von religiösen, moralischen und ethischen Kategorien und Tabuisierungen des 19. Jahrhunderts – typologisch zu erfassen. An Versuchen, auch Don Juan oder Casanova sexualanalytisch zu diagnostizieren, hat es im Gefolge dieses Ansatzes nicht gefehlt, und viele der Deutungen haben einiges für sich. So der Gedanke, in der Don Juan-Legende sei eine Facette des Ödipus-Mythos zu sehen, wobei die Unfähigkeit des Mannes, seine Mutterbindung zu durchbrechen, und – damit kausal verbunden – die lebenslange Suche nach einem Muttersurrogat sowie lebenslanger Vaterhaß (der sich im symbolischen „Diebstahl" der Frau des anderen Mannes äußere, so Rank, 1924) im Zentrum stehen. Oder die These seiner latenten Homosexualität, die sich hinter dem akkumulierenden Umgang mit Frauen verberge und nach Fromm

(*Die Kunst des Liebens*, 1984) einen Typus zeitige, der diese potentielle Gefährdung seiner männlichen Sexualität durch permanente Bestätigung seiner Heterosexualität abwehre, um sich so seiner „Normalität" zu versichern.

Ebenso wie Don Juan wurde Casanova von Sexualforschern auf seine Auffälligkeiten hin untersucht. Aufgrund seiner raffinierten Liebespraktiken und -techniken wurde man dabei ungleich fündiger. Neben seiner pathologischen Furcht vor jeder festen Bindung, ob es Heirat oder langfristige Liaison sei, fiel dabei seine Neigung auf, seine Geliebte an andere (meist von ihm selbst geschätzte) Männer weiterzugeben. Darüber hinaus war seine obsessive Suche nach geschlechtlichen Beziehungen zu dritt oder viert, sein sogenannter „Pluralismus", Ziel genauerer Untersuchungen.

Bei den Versuchen, die entsprechenden Sachverhalte zu deuten, gilt erwartungsgemäß wiederum der Figur der Mutter bzw. des Vaters großes Interesse. Insbesondere das Motiv der Weitergabe der ausgedienten Geliebten an einen oft verehrten anderen Mann wurde gelegentlich als symbolische Befriedigung einer obsessiven ödipalen Verspannung gedeutet. Darüber hinaus könnte Casanovas ständige Kuppelei aber auch als eine modifizierte Form des sexuellen „Trilogismus", als eine Art des Geschlechtsverkehrs zu dritt gedeutet werden. Auf diesen Punkt, so zum Beispiel Bornemann, bewege sich jede Affäre zu. In ihm kulminiere sie, und so sei die Trennung nicht im engeren Sinne mit dem Ende der Beziehung gleichzusetzen, sondern als deren erotischer Höhepunkt zu sehen. Das Aufsuchen von Mädchen und Frauen, mit denen er im Beisein der ersten Frau kopulieren kann, sei dementsprechend nur als die Kehrseite desselben Verhaltensmodells zu sehen, denn – so die Psychologie – Trilogismus als sublimierte Form der Homosexualität ersetze das verdrängte Motiv der Gleichheit zweier männlicher Körper durch das ersehnte Motiv der Gleichheit zweier weiblicher Körper. Narzißmus sei unschwer als die Wurzel dieser Art von latenter Homoerotik zu entschlüsseln.

Die hier skizzierten Ansätze sollen im Zusammenhang dieser Darstellung weder negiert noch weiter ausformuliert werden. Das Ziel des Essays ist ein anderes. Vor allem will er den literarischen Text nicht nur als Vorlage für psychologische oder psychoanalytische Studien mißbrauchen. Ziel ist es, die Strukturen der Texte als verdeckte Hinweise auf den gesellschaftlichen Umgang mit bedrängenden Phänomenen zu lesen, sie als Dokumente der Chiffrierung von traumatisierenden sexuellen Erfahrungen, Nöten und Sehnsüchten zu sehen, *ohne* sie besserwisserisch oder anmaßend zu „entschlüsseln" und sie damit genau jener Tarnung zu berauben, um derentwillen sie entstanden und genau so und nicht anders formuliert wurden. Denn der literarische Text ist weder sozialgeschichtliche Datenbank, noch sind seine Figuren zu therapierende Patienten. Es entstehen zwar auch sozialgeschichtlich aufschlußreiche Szenarien, und in der Vorstellung von Autoren und Lesern werden die zeichenhaft vermittelten Konturen von Kunstfiguren imaginativ aufgefüllt, animiert, reanimiert. Doch die Sprache, in der diese Modelle von Wirklichkeiten erarbeitet werden, läßt keinen Zweifel daran, daß es sich um die Vermittlung von Bildern *über* authentische Gedanken und Gefühle handelt, um artifizielle Repräsentationen von Realität, nicht aber um diese selbst. Mögliche Kurzschlüsse, die diese Differenzen übersehen, sind allerdings nicht nur als verunglückte, „falsche" Reaktion und Rezeption zu werten, sondern ihrerseits als aussagekräftige Dokumente für das Wirklichkeitspotential der Texte wie für die psychischen Bedürfnisse und Wünsche ihrer Hersteller und Verwender zu begreifen. Selbst (oder gerade) die trivialsten, bisweilen peinlichen Rezeptionszeugnisse sind in diesem Sinne weit aufschlußreicher als philologisch elaborierte Analysen: das ergriffene Weinen von Generationen von Zuschauern bei volkstümlichen Allerheiligenaufführungen des sentimentalen Besserungsstücks José Zorrillas ebenso wie die fiebrigen Erregungszustände, die die Auftritte der Figuren bei E. T. A. Hoffmann begleiten, die voyeuristische Gier vieler, die memoirenlesend Casanovas Reisebegleiter und Denunziatoren werden, oder der Eifer, mit dem einzelne Figuren noch immer verteidigt oder verurteilt werden.

Ein besonders aufschlußreiches Dokument der zuletzt genannten Tendenz ist z. B. die flammende Verteidigungsrede auf Casanova, die sich in einem trivialen, präfeministischen Frauenbuch der sechziger Jahre findet. 1967 spricht Barbara Bross in einem ehekritischen Traktat mit dem Titel *Flitterwochen – und was dann?* schwärmerisch von ihm als einem Mann, der die Fähigkeit besessen habe, „von jeder Frau begeistert zu sein", und als „Hohlspiegel der Liebe, in dem sie ihr eigenes Wunschbild sahen", fungierte; wer, so fragt die Schwärmende, war dieser brillante und vielseitige Geist, und gibt selbst die spürbar enthusiasmierte Antwort:

„Weder ein Schürzenjäger noch ein Frauenheld, noch ein Libertin, sondern ein Mann, getrieben von dem Verlangen, jedes unserer (!) verborgenen Motive zu erfahren, ein Mann mit einem allumfassenden Interesse an Frauen. Er bediente sich jedes Tricks, um sie zu verführen, und als Frau stehe ich hier ganz auf seiner Seite. Ein Mann, der nicht weiß, wie er die begehrte Frau gewinnen kann, ist nicht wert, ein Mann genannt zu werden. Er war nicht nur fähig, in seinen Begegnungen Glück zu finden, er war auch fähig, dieses Glück anderen zu vermitteln. Es scheint mir bezeichnend, daß er sich mit keiner seiner zahllosen Frauen je ernstlich verfeindet hat – nicht einmal mit denen, denen er die Ehe versprach und die er dann sitzenließ, nicht einmal mit denen, die er mit anderen betrog".

Dieses leidenschaftliche Plädoyer zugunsten des Casanova-Typus ist ein entlarvendes Dokument für die imaginative Kraft literarischer Vorstellungen und Erscheinungen, insbesondere für das verfestigte Bild der sich selbst als verführungsbedürftig beschreibenden, nach Überwältigung süchtigen Frau, das als Abfallprodukt aus Kunstlaboratorien, in denen zumeist Männer experimentieren, zu deren besten Kundinnen jedoch Frauen gehören, zu erkennen ist. Preis der Ware Lust, der Entdeckung der weiblichen „Lust", ist (auch dies ein tradierter Topos) die Erfahrung von „Leid"; die Argumentation der eben zitierten Kronzeugin der Verteidigung richtiger „Männlichkeit" schließt ihre Ausführung auf geradezu „klassische" Art ab:

„Und so sollte es auch sein. [...] Muß sie ihn [den „richtigen" Mann] mit einer anderen Frau teilen, so *leidet* sie. Aber dieses *Leid* ist ein *Preis,* den sie gern zahlt, wenn der Mann es nur wert ist."

Prototypisch wird hier eine Denk-, Verhaltens- und Empfindungsfigur vorgeführt, auf deren fatale Konsequenzen – nicht nur – feministisch orientierte AutorInnen und WissenschaftlerInnen immer wieder hingewiesen haben.

„Die [große] Sehnsucht", „die Sehnsucht nach [auch sexueller] Erfüllung, nach dem großen, dem einen Ereignis" decouvriert beispielsweise Marlene Streeruwitz in ihrer Schrift *Sein. Und Schein. Und Erscheinen.* (1997) zu Recht als eine in Frauenphantasien künstlich implantierte trügerische Glücksvision und Erlösungshoffnung, die von den ersten Erziehungserfahrungen bis hin zu den großen phallischen Szenarien der Literatur systematisch in das Bewußtsein eingegraben wurde. Der Kunst, dem Theater, Opern, Filmen und Romanen kommt bei der allmählichen Herstellung und Verfestigung dieser emotionalen Bilderwelten eine entscheidende

Bedeutung zu; suggestive virtuelle Welten werden erfunden, um faktische Lebenswege zu konzipieren und zu gestalten. Wenn in einem amerikanischen Groschenroman Figuren eines gewissen Alters als „oversexed and underfucked" tituliert werden, drückt dies die Differenz zwischen imaginativ angereicherter Erwartungshaltung und vergleichsweise enttäuschender, konkreter Wirklichkeit einigermaßen drastisch aus. Dennoch ist die Formulierung in ihrer Knappheit dazu angetan, ein mögliches Dilemma der bürgerlichen Sexualordnung seit der Aufklärung klar zu benennen und damit auch die Frage nach der Bedeutung des Paradigmenwechsels der Don Juan / Casanova-Mythologien in der Moderne neu zu stellen.

Don Juan und die mit ihm verbundene sexuelle Lebensform hatte verdeckte Sehnsüchte, Erwartungen und Projektionen bis an die Grenzen ihrer Belastbarkeit und Interpretierbarkeit ertragen und befriedigt, insbesondere seit der Zeit der Romantik, als er immer mehr zum unzeitgemäßen Tropentier, zum verabscheuungswürdigen Verbrecher und zum titanischen Erotik-Bohemien aufgebaut worden war. Selbst noch Ernst Bloch feiert Don Juan als die Gegenfigur zu allen Tendenzen der gesellschaftlichen Verkleinerung: „Als Ja zur Freude, als Nein zum Philistertum, auch zu allen Statuen einer erloschenen Vergangenheit."

So jedenfalls sieht ihn der Verfasser des *Prinzips Hoffnung* und resümiert, reproduziert und funktionalisiert die Figur damit ein weiteres Mal – aller vermeintlichen antibürgerlichen Intentionen zum Trotz – im Sinne eines Leistungsträgers der verdrängten und tabuisierten Gegenwelt. Vom „Ausleben des Jetzt" [im] stehenden Strom des Glücks" ist dabei ebenso die Rede wie von Juan/Giovanni als permanentem Protest gegen die „Abdankung des naturhaftesten aller Übermaße von Herkunft, Gewohnheit, Gewordenheit und Entfremdung". Und einmal mehr wird der Sexsüchtige zum revolutionären Ideenträger, zum Repräsentanten, zur Ersatz- und Projektionsfigur längst nicht mehr ausgelebter oder auch nur mehr ernsthaft angedachter Lebensentwürfe: als „Märtyrer", „Conquistador" und „utopischer Mensch" findet er sich auf einer einzigen Seite tituliert. Ob Lore-Roman oder *Prinzip Hoffnung*, Bross oder Bloch: das strukturelle Grundproblem ist dasselbe. Übersteigerte Erwartungen an eine vergleichsweise banale, normale Lebenswirklichkeit werden mittels der Konzeptualisierung des unerreichbaren Idols auf überhöhte Art fortgeschrieben und dadurch scheinbar in die Nähe möglicher Verwirklichung gerückt. Dieser Augenblick der „Konzeptverwirklichung" (Streeruwitz) ist die eigentlich kritische Phase eines zunächst rein diskursiven Prozesses; dann nämlich kollidieren Anspruch und Wirklichkeit, ein Zusammenstoß, der zu tragischen Konsequenzen führen kann; denn im Unterschied zu jenen Wirklichkeitssimulationen, die im Cyberraum stattfinden und deren Interaktanden einander nur virtuell begegnen, hat man es im Fall aller anderen Imaginationsrituale mit Traumwirklichkeiten zu tun, die an die Gefühle, den Körper und die Gedanken eines konkreten Individuums gebunden bleiben. Die Idee der multiplen Identität, frei flottierend und surfend zwischen diversen möglichen Identitätskonzepten, ist – bei aller Faszination – unter Umständen die Ursache zu konkretem Identitätsverlust in jener Wirklichkeit, die zur Verblüffung der Kunstweltbewohner dann plötzlich doch sehr eindeutig von ihrer Simulation zu unterscheiden ist und die sich nicht einfach „ausschalten" läßt.

Während Don Juan als nostalgische Männlichkeits-Ruine aller Wirkung zum Trotz dennoch allmählich ins gesellschaftliche Abseits driftet, reüssieren andere, bislang eher marginalisierte Figuren und Legenden. Offenkundig fehlen dem angejahrten Verführer Qualitäten, die ihn auch für Moderne und Postmoderne als Leitfigur akzeptabel erscheinen lassen würden. So etwa mangelt es ihm, aller blasphemischen Aktivitäten zum Trotz, an wirklicher Indifferenz, an Kälte, wenn man so will, auch an Systematik und wissenschaftlicher Genauigkeit oder Grausamkeit. Er und sein aufgeklärter Bruder Casanova entbehren damit all jener Zusatzqualifikationen, die für das aktive Überleben in einer auf Wissenschaftlichkeit ausgerichteten Welt unverzichtbar sind. Die Methode der erotischen Macht bieten andere, in diesem Sinn modernere Mythen an: de Sade und – Blaubart. Sie beherrschen ihre Objekte mit Sachverstand und Systematik, während die Aktivitäten der Don Juans stets durch das Moment der Improvisation, der Spontaneität, des Dilettantismus in ihrer Effizienz beeinträchtigt worden waren. An die Stelle des Verführers tritt der Beherrscher. Die Ikonographie Blaubarts zeigt von Beginn an die Insignien der Macht und der Dominanz.

Es ist sicher kein Zufall, wenn der führende theoretische Kopf der Psychoanalyse der Jahrhundertwende, Sigmund Freud, Don Juan und Casanova trotz deren potentiell erotisch interessanten Viten nur bedingt Aufmerksamkeit schenkte. Denn zu den genannten

Mängeln sind noch andere zu rechnen. Die Motive von „Gewalt" und „Tod", „Krankheit" und „Neurose" spielen für Don Juan keine dominierende Rolle; selbst falls es zu einem Mord kommt, so geschieht dies ohne rechten Vorsatz, aus dem Stegreif, jedenfalls wiederum ohne die Systematik und kritische Vorsätzlichkeit eines Marquis de Sade, eines Blaubart: Diese sind die zeitgenössisch prototypischen Vertreter der Methode des Auf-Listens; die Bürokraten unter den Serientätern.

Der Marquis erregte von Beginn an nicht nur das Interesse der Polizei, sondern auch das der Wissenschaft. Die moralistische Fassadenkultur des späten 19. Jahrhunderts erlaubte die Auseinandersetzung mit brisanter Thematik freilich allenfalls in wissenschaftlicher oder pseudowissenschaftlicher Einkleidung. Der Hautarzt Iwan Bloch publizierte seine Studien über den „höllischen" Marquis in den neunziger Jahren unter Pseudonym und in kleiner, nur einem Kreis von Ärzten und Psychologen zugänglicher Ausgabe. Auch das Hauptwerk de Sades, das eineinhalb Jahrhunderte lang verschollene Manuskript der *120 Tage von Sodom*, konnte nur auf Umwegen veröffentlicht werden. In den Buchhandel kam das Original im vollen Wortlaut in Frankreich erst 1955, in Deutschland existierten lange Zeit nur rare Privatdrucke, als „Beiträge zur Kultur- und Sittengeschichte des 18. Jahrhunderts". Die Sicherheitsverwahrung im Giftschrank der verbotenen Gefühle und Gedanken wird – wie der Umgang mit Opiaten und Betäubungsmitteln – durch den weißen Ärztekittel außer Kraft gesetzt. Im aseptischen Kontext der medizinischen, klinischen Behandlung allein darf die Auseinandersetzung mit dieser Thematik riskiert werden, eine Intellektualisierung, die für eine sehr spezifische Prägung des Umgangs mit de Sade (und bis zu einem gewissen Grad auch mit Blaubart) kennzeichnend ist. Krafft-Ebings seinerzeit sehr verbreitete Werke über die *Psychopatia sexualis* (1886) sind hierfür ebenso Belege wie die im Bereich der Philosophie erfolgreichen Egoismus-Theorien Max Stirners und anderer.

Regel und Experiment, Zucht und Strafe sind Merkmale für den dabei propagierten Umgang mit dem Phänomen von Liebe und Sexualität – eine materialistisch-sensualistische Erotik-Theorie, die dem Phänomen der geschlechtlichen Liebe in all seiner Breite, typologisch vollständig und detailversessen, dabei weitgehend empfindungsfrei und ohne alle Skrupel oder Gefühle nachzugehen ver-

Gepanzerte Dominanz: Blaubart als Monument seiner selbst

suchte. Auf dieser Ebene, was ihren systematischen Zugriff anbelangt, gehen der Sexualaufklärer und Grenzüberschreiter de Sade und die schauererregende atavistische Sagenfigur des Blaubart einen gemeinsamen Weg – trotz ihrer so gegensätzlich erscheinenden Herkunft. Verbunden damit tritt ein Aspekt ins Zentrum, der bislang eher billigend in Kauf genommen wurde: der der Gewalt. Genauer der strafenden Gewalt des Mannes an Frauen, noch präziser des Ehemanns an seinen Frauen.

Hier allerdings übertrifft die Märchenfigur den Sadisten bei weitem, und die Ursprünge dieser Männerphantasien liegen, wie man schonend zu sagen pflegt, im Dunkel der Geschichte. Den ältesten Beleg für den ehepartnerschaftlichen Serienübergriff stellt vermutlich eine *Legende vom heiligen Gildas* (6. Jahrhundert) dar, die ein Mönch des Klosters Rhuys in der Bretagne 1008 aufschrieb und die 1605 durch Père du Bois-Olivier zusammen mit anderen Legenden zum Druck befördert wurde.

Schwangerschaftsabbruch. Eine tödliche Methode

Nicht „weibliche Neugier" oder „Ungehorsam" sind die Ursachen für ungnädige Reaktionen des Eheherrn. Die christliche Legende nennt ein weit gewichtigeres und bedeutungsvolleres Motiv: die Schwangerschaft. Sie berichtet, daß Count Conomor (eine historische Persönlichkeit der Bretagne) seinen Ehepartnerinnen öffentlich die Kehle durchschnitt, wenn diese schwanger waren. Die Schwangerschaft geht nicht, wie vermutet werden könnte, auf eine Untreue der Frau zurück, es handelt sich um Resultate des regulären ehelichen Verkehrs. Es scheint, als eliminierte der Gatte die Folgen seiner eigenen Sexualität oder als versuchte er, die Gattin für deren durch ihn selbst verursachte Verwandlung von der Frau zur Mutter zu bestrafen. Die natürliche Veränderung eines Individuums wird auf die radikalst mögliche Weise unterbunden, indem das betreffende Individuum ausgelöscht und durch ein anderes ausgetauscht wird. Sobald dieses wiederum im Begriff ist, sich zu verändern, wird es seinerseits „ausgetauscht" werden. Der Exekutor reiht auf diese Weise Kopien von Individuen aneinander und glaubt so, den kreatürlichen Entwicklungs- und Veränderungsprozeß außer Kraft setzen zu können. Die Frauen figurieren innerhalb dieser planmäßig betriebenen und öffentlich zur Schau gestellten tödlichen Menschenkette lediglich als Material, dessen sich der Organisator des Verfahrens nach Belieben bedienen zu können glaubt. Erst seine letzte Frau Trifina, in deren „ehelichen Besitz" er gegen den erklärten Willen der Braut kommt, wird versuchen, dieses Gesetz der Serie zu unterbrechen. Mißtrauisch geworden, stimmt sie dem Ehebündnis nur unter Vorbehalt zu und entflieht, sobald sich die Schraube der Gewalt nach dem bekannten Schema zu drehen beginnt. Doch auch diese Schwangere wird von Conomor gnadenlos gejagt, verfolgt und schließlich getötet.

Im Kontext einer christlichen Legende ist solch ein Ende inakzeptabel. Wie bei Don Juan ist eine Bestrafung auch dieses Frevlers vonnöten; der heilige Gildas läßt die Mauern der Burg über Blaubart zusammenstürzen, die getötete Mutter wird zum Leben erweckt, ihr nun doch noch geborener Sohn von dem Heiligen getauft. So wird diese radikale Attacke auf ein nach christlichen Normen geordnetes Sexualleben, in dem die Schwangerschaft im Rahmen der Ehe unbedingt erwünscht ist, durch das Eingreifen der überirdischen Ordnungsinstanz letztlich doch erfolgreich abgewehrt und die Mutterschaft wirkungsvoll geschützt. Die mirakulöse Rettung von Mutter und Kind zeigt freilich die wahre Bedeutung der öffentlichen Exekutionsrituale des Blaubart. Nicht nur, daß dieser wie ein grausamer Kronos oder Herodes seine möglichen späteren Sexual- oder Machtrivalen antizipierend verschlingt oder beseitigt, er verstößt mit dieser Handlung zudem öffentlich und wiederholt gegen die sanktionierte Ordnung: Wie Don Juan auf dem Friedhof, so provoziert Blaubart an der Hinrichtungsstätte nicht nur die Menschen, sondern auch Gott bzw. eine als göttlich empfundene Werteordnung. Dem tiefgreifenden Verstoß gegen die natürliche, religiöse und biologische Ordnung liegt unverkennbar eine schwere Persönlichkeitsstörung zugrunde: Blaubart ist sowohl unfähig, sich auf andere Menschen einzulassen, noch auch vermag er es, überhaupt sich auf Menschen einzulassen: Er flickt und stückt sich statt dessen regredierende Kunstwesen in limitierter Edition zusammen – Platz für eigenständige und eigenwillige Personen ist in seinem Systemdenken nicht. Die todbringende Schizophrenie seiner Vorgehensweise besteht nun darin, daß Blaubart nicht – wie Don Juan – eine seinen extremistischen und inhumanen Bedürfnissen „angemessene" extreme Lebensbahn sucht, sondern seine asozialen Ziele im sozialen Kontext „bürgerlicher" Ordnung verwirklicht – Trauschein, Hochzeit, Schwiegereltern inklusive. Don Juan war immer sozialer Außenseiter – Blaubart ist Autist im Habitus standesamtlicher Normalität; im Wertekanon dieses sexistischen Antichristen kehren sich alle repräsentierten Ordnungselemente in ihr Gegenteil um: Blaubarts Haus wird zum Kerker, die Ehe zur Folterzelle, die Empfängnis zum Verbrechen, die Schwangerschaft zum Todesurteil.

Andere, weltlichere Fassungen der Legende müssen ohne die Instanz des mit übernatürlichen Fähigkeiten ausgestatteten Helfers, Retters und Rächers Gildas auskommen. Folglich werden andere Figuren der Kontrolle in den Text eingefügt. Den von außerhalb dazukommenden Brüdern fällt in diesem Zusammenhang eine besondere Bedeutung zu. Damit kommt die aus dem Machtraum der Burg ausgeschlossene gesellschaftliche, familiale, verwandtschaftliche Außenwelt wieder ins Spiel – meistens, wie bei Perrault, als Retter in letzter Minute. Im Gefolge der Ablösung der sakralen Rettungs- und Racheinstanz durch entsprechende irdische Figuren lassen sich auch andere – gleichfalls eher ins Realistische weisende – Verschiebungen der Motivation beobachten. Die wichtigste darunter ist die Ablösung der Schwangerschaft als Grund für die grausame Bestrafung zugunsten anderer, anscheinend weniger substanzieller, in der Konsequenz jedoch nicht minder erbarmungslos geahndeter Verbrechen der Frauen: Neugier und Ungehorsam stehen nun im Mittelpunkt.

Die Verstöße gelten in der Regel dem vom Eheherrn und Zuchtmeister Blaubart strikt untersagten Betreten einer Kammer oder dem Verstoß gegen eine andere Gehorsamsprobe, wobei Blaubarts letzte Frau meist durch List, Mut und den Beistand der Brüder als einzige dem Serienmassaker entkommt. Die älteste und bekannteste schriftlich überlieferte neuere Version (viele märchenartige Varianten wurden erst später aufgezeichnet) findet sich in den anonymen *Histoires ou Contes du temps passé* (1697), ein Amalgam aus unterschiedlichen Elementen diverser Vorstufen, als deren Verfasser Charles Perrault gilt. Die für die Märchengattung unspezifische Figur des Heiligen entfällt ebenso wie das Motiv der *öffentlichen* Tötung der Frauen: Verbot und Verbrechen werden vielmehr kausal verbunden und in den Raum der verschlossenen Kammer verlagert. Die Bestrafung coram publico wandelt sich dadurch zur privaten

Lustmordserie, wobei der Täter häufig die Teile der zerstückelten Frauenleichen in eben diesem verbotenen Zimmer aufbewahrt. Das Verbot des Betretens der Kammer betrifft damit einen strukturell vergleichbaren Sachverhalt wie die Bestrafung der Schwangerschaft. Blaubart verurteilt diejenigen, die er zu seinen Opfern gemacht hat. Ihr Verbrechen besteht im Offenbarmachen seiner Taten und Verbrechen, wobei er mit Phallus und Schlüssel den Frauen das Instrument der makabren Enthüllung paradoxerweise selbst an die Hand gibt.

Es war einmal ... Das Märlein vom Frauen-Totmacher

Sollte es noch irgendeines Nachweises für die bisweilen gemeingefährlichen Phantasien des kollektiven Unterbewußten, die im Märchen abgelagert sind, bedürfen, so mag die Tatsache, daß die Geschichte von Blaubart sowohl in die Sammlungen der Brüder Grimm wie in diejenige Bechsteins Eingang fand, als weiterer Beleg dienen. Die Geschichte vom „gewaltigen Rittersmann" (Bechstein) oder „König" (Grimm), „Hexenmeister" (Grimm; „Fitchers Vogel") oder reichen „Kaufmann" (Perrault), der seine ungehorsamen Frauen – bald sind es zwei an der Zahl, bald sieben – tötet, fasziniert; eine große Zahl von Variationen und Modifikationen belegen das anhaltende Interesse auch einer bürgerlichen Leserschaft am Thema terroristischer, absolut menschenverachtender Herrschaftsmethoden – denn um nichts anderes handelt es sich, seit Perrault die Märchengeschichte schriftlich kultivierte und zwischen *„Le petit chaperon rouge"* („Rotkäppchen") und *„Le maître chat"* („Meister Katze") eingeordnet publizierte. Er liefert den Prototypus der Story, die nun an kolportiert werden wird.

Sie liest sich nun so:

Ein sehr vermögender Mann von einigermaßen erschreckendem Äußeren umwirbt junge Frauen, die bereit sind, ihn trotz seiner wenig anziehenden Erscheinung zu ehelichen. Zudem herrscht beunruhigende Unklarheit über den Verbleib mehrerer Ehefrauen, mit denen er bis dahin zusammengelebt hatte. Zögernd überwindet eine der umworbenen jungen Damen allmählich ihre Vorurteile und stimmt der Ehe zu. Alles scheint zunächst gut zu gehen. Dann bricht Blaubart zu einer längeren Reise auf, nicht ohne der zurückbleibenden Gattin die Schlüssel zu all seinen Räumlichkeiten und Schatzkammern zu übergeben, verbunden mit der Aufforderung, über alles nach Bedarf zu verfügen, und der Todesdrohung für den Fall, sie würde die einzige ihr verbotene Kammer zu öffnen wagen. Der Reiz des Verbotenen obsiegt. Und die Schockierte macht den grausigen Fund der blutig zerstückelten Vorgängerinnen. Dem zurückkehrenden Blaubart verrät der blutbefleckte Zauberschlüssel den „Ungehorsam" der Frau, ihr Leugnen ist vergeblich, ebenso ihr Flehen um Gnade. Perraults Blaubart spricht sein Urteil im Ton sachlich-sadistischer Höflichkeit:

„... Sie wollten in das Kabinett eintreten? Gut, Madame, wenn Sie hier eintreten, werden Sie ihren Platz bei den Damen, die Sie sahen, erhalten. [...] Sie müssen sterben, Madame, sagte er zu ihr, und zwar sofort."

Rettung in letzter Sekunde wird ihr durch Schwestern und Brüder zuteil, die in der Viertelstunde, die ihr von ihrem Gatten und Henker zum letzten Gebet eingeräumt werden, zu Hilfe eilen, die vor Angst halb Ohnmächtige dem Exekutor entreißen und diesen töten. Der Rest der Geschichte ist versöhnlich und moralisch. Der Erzähler betont zum einen, daß der gesamte Besitz Blaubarts der überlebenden Gattin zufällt, zum anderen, daß die zur Witwe Gewordene nicht einsam zurückbleibt, sondern eine neue Ehe mit einem „honnête homme" eingehen wird, der sie die schlechte Zeit mit dem Unterdrücker vergessen läßt. Eine an die Erzählung angeklebte doppelte „Moral" gibt abschließend didaktische Hinweise auf ein „richtiges" Verstehen der Legende. „La curiosité", die Neugier, wird darin als eine Art Schlüsseluntugend decouvriert, die viele andere Untugenden mit sich ziehe, Untugenden zumindest in den Augen eines auf strikte Unterordnung angelegten (Ehe-)Frauenbildes, dessen Normen auch eine Sammlung wie die zur Diskussion stehende vermitteln will. Individuelle Neugier jedoch unterläuft Wahrnehmungsdiktate und verzichtet dabei nicht auf den Augenschein: Sie ist indezent, vital und subversiv, geht hinter die Fassade der Dinge und ist unersättlich – allesamt Elemente eines unstatthaften Frauenbildes, das im Falle der Blaubärtin ja auch fast in die Katastrophe führt. Der Schock der Todesdrohung und der grausamen Entdeckung sitzt indes tief. Sogar der emotional recht spröde Text der Märchen macht dies spürbar. Die etwas gefühlvollere Bechsteinsche Variante verweist sogar auf Spätfolgen:

„Die Frau war erlöst, konnte aber die Folgen ihrer Neugier lange nicht verwinden."

Das Erziehungsziel der Domestizierung wird also in jedem Fall erreicht. Bei Zuwiderhandlung und Ungehorsam wird liquidiert: entweder faktisch, stand(un)rechtlich oder in Form einer Scheinhinrichtung, die die Delinquentin für den Rest ihres Lebens fügsam werden läßt. Da tut es den potentiell Gefährdeten gut, zu erfahren, daß all diese Schrecken der Vergangenheit angehören. Die beunruhigend überformulierte Zweitmoral („Autre Moralité") spricht davon, daß es solche „schrecklichen Ehemänner" längst nicht mehr gebe; vielmehr sei der heutige Gattentypus charmant und „doux". Die Beteuerung der historischen Entrücktheit nimmt der Geschichte freilich kaum etwas von ihrer geschlechterspezifischen Brisanz. Im Gegenteil, typologisch, so könnte man den durchschlagenden Erfolg dieser Legende über den ganzen europäischen Kulturkreis hinaus auch deuten, lauert noch immer die atavistische Blaubart-Bestie potentiell hinter jeder Honnête-homme-Maske. Vorsicht, dies ist die mittelbare Botschaft der Fabel, scheint in jedem Falle noch immer geboten. Und Vorsicht heißt: Unterordnung, heißt: Gehorsam. Doch die Tragweite des Motivs von Verbot, (erwarteter) Übertretung und Bestrafung der Frau im Rahmen eines, wie Ingeborg Bachmann später sagen wird, „Experiments" reicht noch weiter. Der „tueur des femmes" tötet nicht wie andere nur den Embryo, sondern entfernt in der Art einer „Totaloperation" mit ihm auch die ihn austragende „Gebärmutter". Er beharrt auf diesem rigiden Tötungsritual, auch nachdem das Motiv der Herrschaftssicherung bereits außer Kraft gesetzt ist; die Exekution der Frau wird zum Selbstläufer seiner willkürlichen Rechtsauffassung, eine gleichsam liebgewonnene Gewohnheit, die, ohne sie zu hinterfragen, weiter ausgeübt und, ohne sie zu hinterfragen, weiter erzählt wird, so selbstverständlich, als wäre es ein Naturgesetz, daß Frauen, die verbotene Zimmer betreten, dafür mit dem Leben zu bezahlen haben. So wird aus dem an sich bereits unmenschlichen Akt des Ausschaltens der potentiellen Rivalen fast unmerklich der wahnwitzige Vorgang der Serientötung von Frauen, deren Verbrechen darin besteht, die Verbrechen ihres Exekutors entdeckt zu haben.

Ein weiteres Indiz für den pathologischen Wahnsinn dieser Vorgehensweise tritt in Erscheinung, wenn man die Prozedur nicht – wie in den literarischen Fassungen – von der letzten Frau aus darstellt und miterlebt, sondern an den Anfang zurückverfolgt. Blaubarts erste Frau mußte ein – noch – leeres Zimmer vorgefunden haben. Keine Leichenteile und Kadaver, keine Blutwanne, keine Hinweise auf die verbrecherischen Geheimnisse ihres Erziehers waren zu sehen. Und doch war sie zu töten. Denn sie hatte den leeren Kern von Blaubarts Wesen entdeckt: das Nichts. Blaubart tötet Frauen, um Frauen zu töten. Jede weitere Begründung ist vorgeschoben. Nicht um Machterhalt ist es zu tun noch auch nur um Bestrafung von Ungehorsam. Es geht um Vernichtung. Um die Vernichtung des Lebens und der Lebendigkeit, der Liebe und der Intimität. Deshalb macht Blaubart sein Herz und sein Heim zu einer Frauenmördergrube, und deshalb muß er genau diejenigen töten, die ihm näherkommen: die Ehe als jene Form der Intimität, deren Zweck es nach Adorno und Horkheimer ist, „die Herrschaft des Mannes (auch im privaten Bereich) zu etablieren", ist – als institutionalisierte Haftanstalt gesehen – die ideale Struktur für diese Vorgehensweise. Sie verwandelt die in das System eintretende fremde Frau in einen genuinen Bestandteil der eigenen männlichen Welt. Dabei wird sie als Individuum um so inexistenter, je deckungsgleicher sie sich in die Koordinaten und Regularien der ihr neuen Ordnung einfügt. Umgekehrt wird jede Abweichung von der vorgegebenen Ordnung zum Merkmal einer eigenen Existenz und damit zum inakzeptablen Störfaktor, den es auszuschalten gilt. Die Frauen Blaubarts haben keine Chance. Wenn sie gehorchen würden, würden sie sich selbst verlieren, wenn sie nicht gehorchen, sind sie verloren. Wenn es die verbotene Kammer als Stolperstein nicht gäbe, man(n) müßte sie erfinden – und man erfindet sie. Das Schlachthaus der Frauen ist die patriarchale, modellhafte Vorwegnahme der Gaskammern der Nazis: In beiden Fällen ist es um die möglichst effiziente und unbemerkte Vernichtung der Unterworfenen in möglichst großer Zahl zu tun. Entsprechend ist Blaubart die Vorwegnahme eines bürokratischen Vernichtertypus in der Art Eichmanns: ungerührt, kalt und von jener unbeirrbaren Selbstsicherheit, die es versteht, die eigene Pathologie zur verbindlichen Regel umzudeuten, um dann strikt nach ihr zu verfahren – ein Zusammenhang, auf den Bachmann in *Der Fall Franza* (1966) und Pasolini in *Die 120 Tage von Sodoma* (1975) explizit hinweisen.

So gesehen ist der Auslöscher Blaubart in der Tat Gegentypus zu Don Juan, mit dem er nur das Prinzip der Liste teilt. Während dieser seine bizarr verkürzte Liebesideologie auf möglichst viele Objekte der Zuwendung übertragen möchte, praktiziert jener seinen Todes- und Vernichtungswahn an möglichst vielen Ehe-Dummies.

Kleider, Knochen, Blut und Fleisch der Getöteten sind rechtmäßiger Besitz ihres Mörders. Auch die Art und die Tatsache der Verwahrung der toten Körper hat System. Blaubart ist es wichtig, die Opfer in Stücken aufzubewahren und sie zugleich zu verbergen. Die Märchentexte geben sich hier detailrealistisch und zum Teil detailverliebt. Sie suchen den Moment des tödlichen Erschreckens der letzten Frau suggestiv zu vergegenwärtigen. Noch einmal Perrault:

„Anfangs sah sie nichts [...], nach einigen Augenblicken begann sie zu erkennen, daß der Boden vollständig mit Blut bedeckt war und daß sich in diesem Blut die Körper mehrerer toter Frauen spiegelten, die entlang der Wände angebunden waren."

Daß der tödliche Schreck, der die junge Frau überfällt, durch den erläuternden Sachkommentar, der den Leser wissen läßt, daß „dies alle die Frauen seien, die Blaubart erst geheiratet und dann erwürgt hätte, eine nach der anderen", keine Beruhigung erfährt, versteht sich. Die fatale Gleichung des „épouser" = „égorger" materialisiert sich in diesem Augenblick, in Fleisch gearbeitet, vor den Augen des potentiellen Opfers. In Variationen wird sich dieses Schreckensszenarium immer wieder darbieten. Bei Grimm:

„Ein großes blutiges Becken stand in der Mitte, und darin lagen tote, zerhauene Menschen, daneben stand ein Holzblock, und ein blinkendes Beil lag darauf."

Gleichfalls bei Grimm:

„Und wie die Tür aufging schwomm ihr ein Strom Blut entgegen, und an den Wänden herum sah sie tote Weiber hängen, und von einigen waren nur noch die Gerippe übrig."

Selbst im Schock belehrend Bechstein:

„...und in dem sparsam erhellten Zimmer zeigten sich – ein entsetzlicher Anblick! – die blutigen Häupter aller früheren Frauen Ritter Blaubarts, die ebensowenig, wie die jetzige, dem Drang der Neugier hatten widerstehen können..."

Die vollständige Kollektion, die Trophäensammlung seiner Frauenopfer scheint dem enttäuschten Gatten wichtig zu sein. Verborgen, aber dennoch präsent, bleiben die blutigen Reliquien permanente

Zeugnisse seines Gerechtigkeitsempfindens; aufgereiht und in Serie ist ihre Präsenz zugleich immerzu Garant für die Erweiterung des makabren Reigens: die jeweils letzte Betrachterin ist bereits als neue Bewohnerin des blutigen Ehemuseums vorgesehen.

An gelehrten Versuchen, dieses Verhalten mythologisch oder religionshistorisch zu deuten und zu dechiffrieren, hat es nicht gefehlt. P. Saintyves Studie über Perrault legt mit bewundernswerter Akribie Parallelstellen aus christlich-abendländischer, aber auch außereuropäischer Kulturtradition vor, wobei die Modelle von Ödipus bis Heliogabal, von Sonnen- bis hin zu Totengöttern reichen. Die Fülle der überaus anregenden Bezüge trübt allerdings bisweilen den Blick für das Wesentliche. Die Frage nach der psychosozialen Bedeutung des Verfahrens wird durch das Aufspüren noch so vieler Analogien und Differenzen nicht gelöst, sondern nur immer neu und immer brisanter gestellt.

Im Zentrum der Blaubart-Geschichte stehen Ambivalenzen. Sie reichen vom Handlungsrahmen, der den fatalen Zusammenhang von Ehe und Tötung herstellt, bis in Details des Geschehens wie die Aufbewahrung der verräterischen Leichen. Selbst das Instrument, das die Katastrophe herbeiführt, der Schlüssel, ist ambivalenter Natur. Blaubarts letzte Frau eignet ihn sich ja nicht heimlich an, sondern erhält ihn aus der Hand des Gatten, verbunden mit der Anweisung, ihn unter keinen Umständen zu verwenden. Einmal gebraucht, entwickelt der Schlüssel die verhängnisvolle Eigenschaft, von dem verräterischen Blut der Frauen nicht mehr gereinigt werden zu können und so für Blaubart zum Indikator der Mißachtung seiner Anordnung zu werden. Der Akt der Schlüsselübergabe wurde von der vulgärfreudianischen Kritik gerne als Symbol sexueller Initiation der Frau durch den Mann interpretiert. Ein sicher plausibler Gedanke (vor allem auf dem Hintergrund der ursprünglichen Schwangerschaftsthematik), dessen fatale Konsequenzen jedoch mitbedacht werden sollten. Initiationsmeister und Initiant(in) stehen einander – gesegnet durch den „heiligen Bund der Ehe" – als Bedroher und (mittels Reichtum korrumpiertes) Opfer gegenüber. Macht, Besitz und Sex sind dabei auf makabre Art ineinander verwoben, und der Schlüssel wird zum Bindeglied zwischen Phallus und Richtschwert. Während das zukünftige Opfer mit den „slüzzelin" möglicherweise lustvoll hantiert und sich die eigene Welt erschließt, indem sie die des Mannes aufschließt, beginnt der Zauberstab des Genusses sich allmählich in ein Mordinstrument zu verwandeln. Aus der Illusion, mittels dieses Sensors die Außenhaut des anderen zu durchstoßen, um diesen ganz kennenzulernen, wird schreckliche Wirklichkeit, und die stochernde Neugier des weiblichen Zauberlehrlings führt diesen direkt auf den Seziertisch des großen Chirurgen und zugleich in dessen Leichenkammer. Nun kennt der Proband das Innerste des anderen. Dieses Wissen ist nach dem Gesetz Blaubarts mit dem Leben zu bezahlen. Hierbei in wortspielerischem Gestus von „vorFREUDigem" Geplänkel zu witzeln, widerspricht nicht nur dem wahren Sachverhalt, es verstellt ihn.

Die scheinbare Widersprüchlichkeit und die Ambivalenz ist Teil des Herrschaftssystems „Blaubart". Der Mächtigere mordet nicht willkürlich, sondern im vollen Bewußtsein des rechtmäßigen Besitzers. Die andere Seite gerät nicht zufällig in seinen Machtbereich, sie wurde nicht geraubt, entführt oder vergewaltigt. Die Frauen haben mit ihm (wenngleich vielleicht gegen ihr Gefühl) einen Vertrag geschlossen. Sie wußten von Beginn an um sein dubioses, abschreckendes Wesen. Alle Texte legen Wert auf diese Feststellung. Weshalb die Frauen – wider ihr eigenes Empfinden – in den Kontrakt einwilligten, ist nur annäherungsweise zu erschließen. Ein armer Blaubart – soviel wird immerhin klar – hätte jedenfalls keine Chance auf Erhörung bekommen. Reichtum, Macht und Sicherheit, die der Ehemann bietet, spielen eine entscheidende Rolle, von Blaubart-Perraults Ehe an bis zu denjenigen Innstettens und Effi Briests (Fontane) oder Jordans und Franzas (Bachmann). Gekaufte Nähe wie bezahlter Schutz aber ist stets potentiell korrumpiert. Der Schutzbefohlene liefert sich damit dem System des Beschützers aus, *vollständig* aus. Blaubarts Frauen haben auch deshalb keine Chance, weil sie sich freiwillig und gegen die Signale des eigenen Spürsinns auf ein System eingelassen haben, dessen Spielregeln sie bei größerer Unbestechlichkeit erkennen mußten.

Ingeborg Bachmann rekonstruiert in ihrem letzten, Fragment gebliebenen Roman *Der Fall Franza* (1978) die mentalen Hintergründe, die in eine solche Katastrophe führen. Rückblickend gesteht sich die bis an den Rand des Todes Zerstörte ein, nicht zuletzt von Zeichen der Macht im Umfeld der psychotherapeutischen Kapazität des erfolgreichen Star-Professors Jordan beeindruckt gewesen zu sein. Ein gewisses Sozialprestige – Markenzeichen der Blau-

„Wenn Ihr es öffnet, kennt mein Zorn keine Grenzen" – Schlüsselgewalt und Ehe

bartfrauen seit Perrault – in Verbindung mit dem Gefühl vager Zugehörigkeit und dem irrationalen Glauben an die Heirat als Erlösungsstruktur per se spielten aus ihrer Sicht mit:

„Dann verläßt du ein Standesamt, ein paar Stunden später fällt eine Wohnungstür hinter dir zu, jemand hebt dich auf, [...] du lachst mit jemand, als wäre der Welt damit ein wunderbarer Streich gespielt worden ..."

Bedeutungssteigerung. Bewußtseinserweiterung. Ein neues Leben. Schlagworte, die für ein System prädestinieren, welches exakt diese Qualitäten austreiben will. An einem bestimmten Punkt ihrer retrospektiven Selbstanalyse erkennt Franza diesen Zusammenhang genau, und sie gibt ihm einen Namen – „Blaubart":

„Ja, ich glaube, daß es den Blaubart gibt, und Landru muß ein Stümper gewesen sein, ein kleiner liebenswürdiger Krimineller."

Der moderne, auf wissenschaftliche Art mordende Blaubart, an den sie geraten ist, unterscheidet sich vom Frauenmörder von Paris vor allem durch die vollständig korrekte, systematische, urbane Art seines Vorgehens. Selbst Franza, das Opfer, das (wie sie selbst sagt) „belanglose" Opfer wird zu lange brauchen, um zu erkennen, welches Ehespiel wirklich gespielt wurde, was es wirklich bedeutete, seine Kleider in einen Kasten zu hängen, „wo früher andere hingen –".

Der Fall Franza oder: Schule der Opfer

Ingeborg Bachmanns Fall-Studie stellt eine Verbindung zwischen atavistischem Märchenmythos und gelebter Gegenwartserfahrung dar, der nichts Nostalgisches, Aufgesetztes anhaftet. Ihre archäologische Spurensuche und Fundbestimmung alltäglicher Verhaltens- bzw. Wahrnehmungsmuster gilt einem bewährten Stück bürgerlicher Lebenskultur – der Ehe. Die Tür fällt zu, das Schloß schnappt ein, die Schandgeschichte kann beginnen. So stellt sich der auf den Tod Kranken ihre eigene Vorgeschichte in der Rückschau dar. Die Katastrophe „Ehe" begann weit früher. Erste Warnzeichen wurden wider besseres Wissen übersehen, die Wahrnehmung um der erstrebten Harmonie willen verbogen. Schon erscheint das Kainsmal des blauen Bartes als Stigma geheimen Leidens: pseudoromantische

Männerbildsplitter sind Bausteine dieses tiefgreifenden Selbstbetrugmanövers:

„Wann hat es angefangen? [...] im Anfang. Da warnt dich etwas, und schon hörst du nicht zu, schiebst ein Gefühl, das du nachher für dein erstes ausgibst, vor ein wirklich erstes. Gewarnt bist du. Durch eine Kopfhaltung, durch eine Handbewegung, durch eine Stimme, in der etwas fahl ist, und im nächsten Moment [...] bemühst du dich besonders, in dieser arroganten Bewegung etwas Rührendes zu entdecken [...]. Du liebst jetzt die Stimme, weil du aus ihr Melancholie heraushörst, und wenn sie aggressiv wird, dann hörst du etwas Kühnes [...]. Der Schwindel ist vollkommen ..."

Die Geschichte von Blaubart ist von Beginn an keine Verführungsgeschichte, sondern, bereits in seinen märchenhaften Ursprüngen, auch die Geschichte weiblicher Selbsttäuschung. Doch erst Bachmann versucht, die Mechanismen und die Bedeutung dieses Viktimisierungsreflexes zu ergründen und die Frage nach den anderen Frauen nun mit Inhalt auszufüllen. Denn wie konnte es möglich sein, sich selbsttätig in dieses Entmündigungsverfahren der Blaubart-Jordan-Ehe zu begeben, sich „an *seine* Gedankenleitung [zu hängen]" – ein mehr als unvorsichtiger Akt, gleichbedeutend mit dem Entschluß, sich „an eine Starkstromleitung zu werfen", wie Franza konstatiert.

Auf der Suche nach den Ursachen tauchen auch eine wenig schmeichelhafte Variante bzw. Vermutung auf. Zum Beispiel, die anderen Frauen nicht als Leidensgefährtinnen zu begreifen, sondern sie als „dumm, verständnislos, defekt" abzulehnen, mit dem Ziel, sich allein dem „Unverstandenen" würdig zu erweisen, sich ihm anzudienen. Erst im Rückblick wird Franza klar, daß sie sich mit diesem Verhalten als idealtypisches Opfer geradezu anbot. Sie selbst hatte sich zum Versuchsobjekt eines Experiments mit lebenden Menschen konditioniert. Jetzt, seelisch und körperlich verstümmelt, erkennt sie:

„An mir wurde ein großartiger Versuch gemacht. Ins Vulgärdeutsch übersetzt: wieviel hält ein Mensch aus, ohne zu krepieren? Der Spruch der Medici odiate ed aspettate – faszinierend, aber wie [un]anwendbar. Ich war beim Warten, ich hatte die Voraussetzung nicht, ich konnte nicht hassen, nur fürchten. [...] Zuhause war die Gesetzlosigkeit, der Fanatismus, an dem er vielleicht sich selbst verwundete, das Dreinschlagen, das Vernichtenwollen, Vernichtenmüssen eines anderen. Er mochte die Frauen nicht, und er mußte immer eine Frau haben, um sich den Gegenstand seines Hasses zu verschaffen ..."

„Was hat ein Jordan zu hassen und vereiteln an einem Menschen. Ich glaube, das ist es! Man vereitelt den anderen, man lähmt ihn, man zwingt ihm sein Wesen ab, dann seine Gedanken, dann seine Gefühle, dann bringt man ihn um den Rest von Instinkt, von Selbsterhaltungstrieb, dann gibt man ihm einen Tritt, wenn er erledigt ist."

Bachmanns drastische Analyse beschreibt ein Phänomen, dessen Bedeutung weit über den Bereich Franzas und Jordans Person hinausweist. Sie beschreibt ein Prinzip Ehe, das vom Beginn des bürgerlichen Zeitalters bis in die siebziger Jahre dieses Jahrhunderts Gültigkeit hatte. Kern dieses Ehevertrags ist die Löschung der eigenen Identität der Frau bis hin zum Verlust des Namens:

„Du probierst einen Namen aus, damit du ihn zum erstenmal gleich flüssig schreiben kannst."

Die hohe Schule der ehelichen Geläufigkeit führt zur mimikryartigen Anpassung an ein nicht nur fremdes, sondern darüber hinaus auch noch völlig willkürlich gesetztes Regelwerk, das lange Zeit unhinterfragt akzeptiert und erfüllt wurde. Es war ein beachtlicher intellektueller Schritt, diese hohe Schule der blinden Geläufigkeit und Gefälligkeit nicht als individuelle Schwäche zu begreifen, sondern sie als das Produkt eines jahrhundertelangen Erziehungs- und Domestizierungsprozesses zu erkennen, an dessen Verfestigung Texte und Lektüren einen nicht unbeträchtlichen Anteil hatten. Das Blaubart-Märchen selbst, mit seinen ex- und impliziten „Moralités", die den Gehorsams- und Vertuschungsreflex gruselig kolportieren, ist Beispiel hierfür. In Tiecks romantischem Blaubart-Drama (1797) bezichtigt die demütige Heldin Agnes sich selbst der zu bestrafenden Neugier. Und noch während sie von den entdeckten Schlachthausimpressionen gequält hindämmert, wirkt die alte Amme (perfide oder naiv) mit einer neuen Variante des alten Unterdrückungsliedes auf sie ein. Raunend, zugleich einlullend und erschreckend erzählt sie zum makabren Trost ein anderes Märchen über väterliche Gebote und ungehorsame Mädchen:

„... und der Vater warnte die Kinder, ja nicht hinauszugehen. Es traf sich aber, daß er verreisen mußte. Er gab die strengsten Befehle, aber das Mädchen, teils aus Neugier, teils [...] aus Unachtsamkeit [...], geht aus der Hütte ..." (V, 3)

In den Augen der halluzinierenden Agnes verwandelt sich die alte Amme zur bösen Hexe, und sie versucht mit letzter Kraft den mechanischen Gang der Unterdrückungsgebetsmühle zu stoppen und ihren Bann zu brechen. Ein vergeblicher Versuch. Bereits in der Folgeszene materialisiert sich die Legende, und Blaubart betritt die Bühne. Alle Emanzipationshoffnungen kollabieren augenblicklich, und das Schauspiel führt eines jener exemplarischen Unterwerfungsrituale vor, die seit Jahrhunderten die Dramen des versuchten Aufstands gegen die etablierte Ordnung zu befrieden pflegen. Wird der Ehetyrann auch in diesem Fall von den rettenden Brüdern zur Strecke gebracht, so bleibt doch das mit ihm verbundene Domestizierungsprogramm erhalten: Am Ende ist Agnes zum Lamm geworden, bereit und dankbar dafür, auf jede neue Eheschlachtbank geführt zu werden. Haften bleibt nicht ihre matte Gegenwehr, sondern die Fluchrede über die Frauen aus dem Munde des eigentlich als Verbrecher entlarvten Blaubart, der in rhetorischem Furor eine verkehrte Welt von Ursache und Wirkung installiert und die Kronzeugin der Anklage zur Verursacherin des Verhängnisses umdeutet. Mit der ganzen Wucht alttestamentlicher Überlieferung spricht er sein J'accuse und rechnet dabei nicht nur mit ihr ab, sondern, stellvertretend, mit ihrem „ganzen Geschlecht" (V, 4):

„Die Sünde der ersten Mutter des Menschengeschlechts hat alle ihre nichtswürdigen Töchter vergiftet, und wehe dem betrogenen Manne, der eurer falschen Zärtlichkeit [...] vertraut! [...] Man sollte euer ganzes Geschlecht von der Erde vertilgen ..."

Die Koppelung von rabiatem, universalem Frauenhaß mit patriarchalischem Erbsündenhintergrund schüchtert ein. Auch die „Angeklagte" wird in dieser Situation nicht etwa zur Furie, sondern verbleibt demütige Bittstellerin, womit die Schraube von Bezichtigung und Bestätigung noch eine Umdrehung tiefer getrieben wird. Schließlich kommt es sogar zum grotesken Ritual der flehentlichen Bitte um Vergebung von seiten des Opfers:

„... erbarmt Euch meiner. [...] (Kniet nieder) Vergebt mir meinen Fürwitz, es soll Euch nicht gereuen; ich will Euch mit aller meiner Liebe dafür lohnen ..."

Noch Bachmanns Franza wird von diesen Ritualen der Selbstentblößung und der Selbstdemütigung nicht so weit entfernt sein, wie der zeitliche Abstand von mehr als einhundertfünfzig Jahren vermuten ließe. Allzulange (ihre Krankheit wird nicht mehr zum Stillstand gebracht werden können) hat sie sich mit dem fossilierten

System, dessen später, prototypischer Vertreter Jordan ist, arrangiert. Zugegeben, Professor Jordan ist in allem elaborierter; ebendies macht ihn um so gefährlicher. Denn dieser Blaubart läßt sich nicht in der Rumpelkammer dumpfer, atavistischer Mittelaltermonster abstellen, er ist auf dem neuesten Stand auch der Vernichtungstechniken. Als renommierter Wissenschaftler weist er alle Verdächtigungen des Irrationalismus, der destruktiven Phantasien, des Zerstörungswahns weit von sich oder transportiert sie argumentativ ebenso virtuos auf die andere Seite der Geschichte, wie dies Blaubart mit Agnes getan hatte. Und doch ist das Potential des Vernichtungswillens dieses Kulturgenossen nicht weniger stark ausgeprägt. Mit „den Folterwerkzeugen der Intelligenz" treibt er Franza sukzessive und mit Vorsatz genau in dieselbe rettungslose Situation, wie dies seine Vorgänger mit ihrer vergleichsweise primitiven Schlüsselstrategie taten. Und am Ende bleibt „Agnes" 1978 im wesentlichen kein anderer Befund als derjenige, den bereits Agnes 1848 artikuliert hatte:

„Kaltblütiges, blutdürstiges Ungeheuer [...]! Widerliches Untier! Kein Mensch, sondern eine Mißgeburt!" (V, 4)

Auf analysierende Begriffe gebracht und ohne Affekt lautet Franzas Befund über den Blaubart, mit dem sie es zu tun hat:

„Er konnte keinen Menschen verlängert sehen, über die Grenze hinaus, die er ihm setzte [...]. Ja, er ist böse, auch wenn man heute nicht böse sagen darf, nur krank, aber was ist das für eine Krankheit, unter der die anderen leiden und der Kranke nicht."

Aus beiden Texten ist, aller sprachlichen und situativen Unterschiede zum Trotz, ein- und dasselbe Täterprofil zu entnehmen. Blaubart ist stets ein „Zerleger" von Frauen; der romantische Blaubart zerlegt die Glieder der Körper, der moderne Blaubart zergliedert die Strukturen der Psyche. Beide aber „zerleg[en], bis nichts mehr da war, nichts geblieben, außer einem Befund".

Für beide Paare gilt, was Franza für ihren Fall artikuliert:

„Er bearbeitet mich, er bereitete mich vor, seinen Fall. Er hetzte mich hinein in seinen Fall."

Die Fallstudie spielt nicht im Verborgenen, sondern im gesellschaftlichen Raum. Verborgen ist nur das Innere der Kammer selbst. Die

Vorbereitung, das Regeln der Bedingungen, die Vorrichtungen zum Mord indes erfolgen noch immer so öffentlich (und unwidersprochen) wie in der ersten Blaubartgeschichte aus dem 11. Jahrhundert. Es ist, als ob ein geheimes kollektives (Mit-)Wissen die Tradition des Blaubart-Mythos gegen alle gesellschaftlichen Entwicklungen abschotte. Wie der Totmacher seine Frauen, so birgt der Text die Erinnerung an eine längst nicht fossilierte und museal abgelagerte Schicht menschlicher Existenz. Blaubart redivivus oder aeternus steigt als Inkarnation eines sehr erfolgreichen Herrschaftstypus immer neu aus der Asche seiner Vertextungen. In immer neuer Gestalt: Kaufmann, Magier, Beamter, Wissenschaftler, aber doch im Kern unverändert und auf Anhieb wiedererkennbar. Totemtier und Todesverwalter des latent faschistoiden Potentials der Gesellschaft.

Bachmanns Erkenntnis, den Mechanismus der politischen Herrschaftsform modellhaft im privaten Bereich des ehelichen Zusammenlebens zu situieren, ist der möglicherweise entscheidende Denkschritt auf dem Weg zu einem neuen Mythen-, Geschichten- und Geschichtsverständnis. Es geht dabei weder um dessen ideologiegeschichtliche noch um seine religionsphilosophische Betrachtung. Vielmehr stehen Wahrnehmungs- und Erkenntnisprozesse im Mittelpunkt dieses Denkens und Schreibens; ihr Ziel ist das Spiegeln öffentlicher und privater, gegenwärtiger und vergangener Vorgänge aneinander – solange, bis sich jene Transparenz einstellt, die es erlaubt, Zusammenhänge von längst vergessenen Schichten der eigenen Existenz mit kollektiven Erfahrungen der Geschichte zu registrieren. Weder Fatalismus noch Aufklärungswahn ist das Resultat solch komplexer Verhaltensoptik, sondern das Erlernen eines doppelten Blicks, der die Phänomene nicht um des Verstehens willen vereinfacht, sondern in ihrer ganzen Komplexität erfahrbar macht, ohne durch diesen Erkenntnisprozeß in Fatalismus und Resignation zu verfallen.

Im Gegenteil, die Leserin wird im Idealfall sogar dazu befähigt, das eigene Verhalten zu korrigieren. Eine Nach- und Weiterdenkerin Bachmanns wie Marlene Streeruwitz wird in ihren Texten auf der Basis solch gesplitteter Wahrnehmung Regeln eines neuen Verhaltenscodes ableiten, die geeignet sind, aus den Geleisen des folgsamen Seriendenkens als prädestiniertes Opfer im wahrsten Sinne auszusteigen – *vor* der Katastrophe auszusteigen. Zeichnet Bachmann noch (wie alle vor ihr) das Bild eines zwar allmählich die Strukturen der Unterwerfung gewahr werdenden, letztlich aber in ihnen gefangen bleibenden Frauentypus, so schlägt Streeruwitz einen ebenso einfachen wie konsequenten Weg vor, Gefährdungen dieser Art bereits im Vorfeld, präventiv, zu entgehen. Während Bachmanns resignative Protagonistin im Hörsaal des adorierten und zugleich verhaßten Professor-Gatten angerührt und beeindruckt sitzen bleibt, steht ihre Heldin in *Verführungen* (1996) noch rechtzeitig genug auf, um zu gehen – auch um den Geschichten nicht einmal mehr auf den Leim zu gehen:

„Er [der Professor] sagte, werfen wir dem Autor bitte nicht seine Figuren vor! Die Studentin saß und drehte an ihren Haaren. Sie lächelte zum Vortragenden hinauf. Hatte auch sie einmal jemanden so angehimmelt, fragte sich Helene. Sie hoffte nicht. Sie zwang den Studenten neben sich aufzustehen und sie hinauszulassen. Helene ging als erste. Die letzten werden die ersten sein, dachte sie."

Ob die Binsenweisheit freilich wirklich helfen wird, tatsächlich einen Weg ins Freie zu finden, sei dahingestellt. Immerhin tritt dem männlichen Fossil nun ein durch Leid geschultes weibliches Leitfossil kämpferisch gegenüber, auch wenn zunächst nur ein Sieg durch Rückzug bleibt – mit dem nächsten Trostspruch aus dem Märchenbuch auf den Lippen. Jedenfalls war auch Blaubarts letzte Frau gelegentlich die erste gewesen, die das Abenteuer Ehe überlebte. Nicht weil sie klüger oder stärker, aufrichtiger oder aggressiver als ihre Vorgängerinnen gewesen wäre, sondern weil sie früher um Hilfe rief und weil diese Hilferufe gehört wurden. Der feministische Schönheitsfehler bei der Rettung der letzten Blaubartfrau ist die Rolle, die ihre Brüder dabei spielen. Die aus der Ehe Befreite wird so symbolisch wieder in den angestammten Machtbereich zurückgeführt, und sie verdankt ihre weibliche Sonderrolle wiederum ausschließlich männlichem Beistand. Auch in der Überwindung des Blaubart-Prinzips wird die Arbeit von Männern geleistet. Agnes zeigt keine spezifischen Verhaltensweisen. Als Dutzendfigur dargestellt, erfüllt sie nur einen Zweck: ihre Brüder zu Hilfe zu rufen, um diese so in den Besitz der Schätze Blaubarts gelangen zu lassen. Ansonsten jammert, schwindelt, fröstelt und trickst Blaubarts Letzte um keinen Deut anders, als ihr Herr und Henker sie darstellt.

Die zwielichtige Botschaft der Geschichte, subkutan weitergereicht, ist irritierenderweise diese: Blaubart ist böse, gewiß; aber seine Frauen sind nicht sehr viel besser. Der Agnes-Typ hat kein Penthesilea- oder Antigone-Format, hat noch nicht einmal das Zeug zu einer Donna Anna. Blaubarts Frauen bestätigen die schlimmsten Vorverurteilungen und sind *deshalb* prädestinierte Opfer. Zum System Blaubart gehört, diese Geschichte vermitteln nahezu alle Varianten, die Schar der Erfüllungsgehilfinnen. Keine starke, eigenständige Frau würde sich in diesem rabiaten Abhängigkeitsverhältnis verfangen haben, man denke sich eine der großen Bühnenfiguren an seiner Seite. Wohl aber ein Frauentypus, der sich hilfesuchend an etwas klammert, an einen Mann klammert: Gret*chen*, Käth*chen*, Gust*chen* – sie sind prädestiniert, in Blaubarts Kammer zu enden.

Franza, Bachmanns Franza, vermittelt auch diese problematische Seite der Geschichte mit besonderer Eindringlichkeit. Kaum dem Fossil entflohen, unterstellt sie sich dem Diktat und dem Verständnis des von ihr mythisch überhöhten Bruders, der zur narrativen Hauptfigur wird. So entsteht die paradox anmutende Situation, daß er, Martin, „unter allen Brüdern dieser", Franzas Weg erzählen muß. Nur zwischendurch, auf der Reise, erscheint ein sich selbst artikulierendes weibliches Ich, dann verschwindet es wieder. Schließlich verschwindet es ganz; Franzas Tod läßt den überlebenden Bruder zum Sachwalter ihres Falles werden: sie selbst aber löscht sich endgültig aus. So bleibt das Beziehungsgeflecht zwischen der Frau und den sie verführenden, begehrenden, malträtierenden, liquidierenden, rettenden Männern bis in die Moderne ambivalent und brüchig: Die unscharfe Zweideutigkeit, in der jeder schlicht monokausal argumentierende Diskurs ad absurdum geführt wird, macht ihre Modernität aus.

Es ist mir hier nicht darum zu tun, motivgeschichtliche Spurensuche zu betreiben und Fundstücke aneinanderzustellen. Mich interessiert, wie lange und auf welche Weise überlieferte Geschichten imstande sind, Erfahrungen und Probleme einer sehr viel späteren Kulturstufe tragfähig darzustellen. Wenn Bachmann das Blaubart-Märchen zitiert, um einen sehr persönlichen, überaus schmerzhaften, an das Leben ihrer Figur und möglicherweise auch an das der Autorin selbst rührenden Leidens- und Lernprozeß zu konkretisieren, funktioniert die Begegnung zweier weit voneinander entfernt scheinender Kulturwelten erstaunlicherweise. Vielleicht trägt sogar gerade der große zeitliche Abstand zwischen der schlichten, volkstümlichen Märchenform und der sehr intimen, hautnah geschriebenen Fallstudie dazu bei, eine solch kreative Spannung entstehen zu lassen; auf diese Weise wird die private Erfahrung an einer allgemeineren Struktur gespiegelt, gebrochen, mit ihr verglichen. Umgekehrt erfährt die von allem Individuellen ferngerückte Wirklichkeit des Märchens eine größere psychologische Eindringlichkeit. Die beiden Ebenen beleuchten sich also wechselseitig, wobei die Differenz zwischen beiden Wahrnehmungsweisen dabei nicht negiert, sondern im Gegenteil exponiert und nachdrücklich veranschaulicht wird: Märchenangst hier, Vergewaltigungsterror dort, hier das gezückte Schwert und die Blutkammer, dort subtile Psychofolter und die kultivierte Schöner-Wohnen-Welt. Und wo im Märchen die treuen Brüder auf Hilferuf herbeieilen, um dem bösen Blaubart im letzten Augenblick in den Arm zu fallen und die Schwester zu retten, steht hier ein fast inzestuös geliebter Bruder dem systematisch verdeckten Morden eines Sadisten hilflos gegenüber, um die Spätfolgen und den Tod der Schwester aus nächster Nähe mitzuerleben.

So ist der Märchenhintergrund weder mythisches Analogon noch raunende Kollektivstimme, sondern eine Art Zusatzoptik, die, sparsam und nur punktuell eingesetzt, den Blick für das Geschehen kontrastiv schärft. Wie schnell das Verfahren der Anlehnung des Erzählens an eine märchenhafte Vorlage jedoch umkippen kann und wie rasch aus der doppelten Wahrnehmung die Falle eines doppelten Bodens werden kann, verdeutlicht der Blick auf den fast zwanzig Jahre später entstandenen Roman *Blaubarts Schatten* (1991) der Erzählerin Karin Struck. Mit deutlichen gedanklichen und thematischen Anleihen bei Bachmann wird hier aus denselben Elementen, materialreich, überdeutlich und auf über dreihundert Seiten ausgebreitet, etwas ganz anderes, ungleich weniger Differenziertes beschworen:

„Sie träumt von ihrer Hinrichtung: von einer Guillotine und von viel, viel Blut, und alles ist sehr undeutlich im Traum."

Nicht nur im Traum der Protagonistin, auch im Verfahren ihrer Erzählerin will sich dieser Eindruck der unklaren Überdeutlichkeit nicht legen, obwohl – vermutlich weil – sie sich aus dem Fundus der Überlieferung so hemmungslos bedient. Da rollt Blaubarts goldene Kutsche über die große Elbstraße, und die Mühle der Assoziationen beginnt sich hektisch zu drehen: Blaubart, Blaustrumpf, Domenika und Don Juan, die Monsterlady und die sieben Zwerge treten an –

Mythensalat, dick aufgelegt. Und Klischees, hemmungslos reproduziert:

> „Und er sagt zu ihr, sie sei eine Heilige und eine Hure.
> ‚Du bist meine liebste Hure.'
> Sie hustet wie eine Lungenkranke ..."

Es versteht sich, daß auch der blaue Bart in diesem Szenarium wirklich auftaucht, knüppeldicker Knebel und scharfzackiger Eiszap-
fenphallus in einem. Immerhin gelingt es der durch eine Abtreibung
traumatisierten Erzählerin, die Überlieferung an einem wichtigen
Punkt aufzugreifen und Blaubarts sehr früh auftretende Aversion
gegen die Schwangerschaft ins Zentrum zu stellen:

> „Die schwangere Frau muß in die Blutkammer. Ihr muß das Genick gebrochen
> werden."

Die Untergründe und Hintergründe, Spätfolgen und Konsequenzen dieser einschneidenden eigenen Erfahrung werden nun mit
Blick auf Blaubarts radikales Schwangerschaftsabbruch-Konzept
aufgearbeitet, und ansatzweise wird so ein übergeordnetes Phänomen besser greifbar – doch das Lamento über sich und die Welt
wird zum rhetorischen Selbstlauf und erschöpft sich, statt aufzuklä-
ren:

> „Wann hört das denn jemals auf, daß ich am Ende bin. [...] Ob ich mich da in
> etwas verrenne? Ich bin so unsagbar am Ende. Dieses seelische Ausgelaugtsein
> [...]. Gedacht hab ich, das Kind wegzumachen würde mich von meinem linken
> Biedermann Blaubart befreien. Aber es war nicht so. [...] Ich hasse die Sexuali-
> tät. Ich trieb ab, weil ich die Sexualität haßte. Das war das Paradoxe."

Die von Bachmann exakt eingehaltene Vergleichsebene – der Ehemann als Blaubart, das Syndrom als Heimterror – wird hier ausge-
franst, die Kontur verschwimmt. Das Blaubärtige in allen Männern,
Vätern, Geliebten inklusive zu entdecken und eine spätfeministi-
sche Verbalattacke gegen die „Reihe der kleinen Blaubärte" zu rei-
ten, überfordert den alten Mythos, der zum bloßen Versatzstück
wird, zumal im selben Kontext die alte Sehnsucht nach exakt demselben Phänomen, das man zu bekämpfen vorgibt, revitalisiert wird
und Kitschbilder vom „alten, sehr einsamen König", illusionäre
Hoffnungen auf die „Heimat Mann" ohne jede Ironisierung aufgebaut werden. Von daher werden die plastischen Blutzimmerphanta-

113

sien und Vergewaltigungsdelirien allmählich degoutant, denn man hört die verhängnisvolle, masochistisch klingende Nebenstimme der Bedürftigkeit nach „Bemächtigung" immer stärker heraus, und ein unheiliger Pakt zwischen Strucks Frauen- und Theweleits Männerphantasien erweckt den verbal totgesagten Totmacher entgegen den offiziellen Bekundungen subkutan zu neuem Leben – als intellektuelles Faszinosum und als emotionales Surrogat.

Sich verweigern, aufstehen und gehen, wegrennen oder ihn rauswerfen, aussperren – die Frauen aus den bösen feministischen Märchen Bachmanns oder Strucks versuchen, mit dem Problem Blaubart durch seine Ausgrenzung fertig zu werden. Und doch reagiert die Mehrzahl der Autorinnen auch diametral entgegengesetzt: man geht ihm bis zuletzt auf den Leim und um den Bart. Selbst in Pina Bauschs Tanztheater-Stück *Blaubart* (1997/1981) dominieren die Rituale der Umwerbung, der Unterwerfung und der brutalen Benutzung. Während sich die Männer in imposante Imponiergesten werfen und primatenartig „Ich, ich, ich"-Brunftrufe absetzen, schmiegt sich der Frauenreigen lasziv um die Glieder des sie Betörenden. Blaubart geht in diesem Paarungschor nicht unter, sondern läuft zur Höchstform auf – die gutgemeinten Bekehrungsversuche der ihn liebenden Judith erweisen sich als ohnmächtiger Solopart, der sie ebenso erschöpft wie die Kämpfe von Strucks oder Bachmanns Opferheldinnen.

Blaubarts Triumph

Nicht die emanzipierende Kraft der Frauen vervielfacht sich, sondern das aggressive Sexualpotential der in Rudeln auftretenden Blaubärte bestimmt den Tanz: Aus dem verliebten Pas de Deux wird ein bacchantischer Tanz um die goldene Männerhorde. Am Ende werden der Erschöpften die Kleider ihrer Vorgängerinnen übergestülpt. Damit erlischt der noch verbliebene Widerstand, wird das letzte Individuum seiner Kraft und Persönlichkeit beraubt. Es ist auffällig und einigermaßen überraschend zu sehen, daß alle Blaubartversionen aus der Hand von Frauen in leuchtenden Farben das Scheitern der Utopie einer gleichberechtigten Partnerschaft vorführen, während viele Autoren sich seit dem 19. Jahrhundert darum bemüht zeigen, die liebende Frau als nicht nur moralische Siegerin zu

Herrschaft durch Unterwerfung: Blaubarts Triumph

zeigen. Das Bild des bekehrbaren, erlösungsbedürftigen Mannes ist ein Produkt männlichen Schreibens, während Frauen die Absurdität und Sinnlosigkeit eines solchen „Besserungsprozesses" nicht nur behaupten oder beschreiben, sondern verkörperlichen: Immer wieder sind es Signale, Reaktionen des Körpers, der Sinne, der Nerven, extreme Affektzustände, Lähmungen, Erbrechen, Ersticken, Ohnmacht, Ekel, die die Grenzen der Vermittelbarkeit anzeigen. Unverbindliche Toleranzgesten, laue Hoffnungen, vernünftige Gespräche – all diese Bemühtheiten kapitulieren vor der biologischen Realpräsenz der Triebe, vor dem Gesetz der Wiederholung, der unhinterfragbaren Dominanz. Das vorgeführte Unterwerfungsritual ist ein beunruhigendes Symptom. Im Kontext feministischer Theoriebildung und der pragmatischen Frauenemanzipation der siebziger und achtziger Jahre kommt es im künstlerischen Bereich synchron dazu zu einer Art von dramatischem Widerruf aller damit verbundenen Erwartungen und Hoffnungen; es ist, wie wenn Alice Schwarzer eine affirmative Neufassung der „Widerspenstigen Zähmung" schriebe oder *Emma* für mehr Verständnis für die psychischen Nöte von männlichen Sexualtätern einträte.

Das Dilemma des „weiblichen" Schreibens über das Blaubart-Syndrom besteht in der Verhärtung und Kolportage des stets gleichen Männerbildes, das sich dadurch auratisch verdichtet und – mittelbar – zum Kultobjekt der Gepeinigten wird. Das Dilemma des „männlichen" Schreibens über dasselbe Syndrom besteht in seiner romantisierenden Unschärfe, die das Bild des „Monsters" aufbricht, es psychologisiert und verharmlost. Ob Pina Bauschs Vorlage, die Oper von Bela Bartók und B. Balázc, Alfred Döblins oder Maeterlincks Blaubart-Varianten, aus beiden Strategien – der der Dämonisierung wie der der Entschuldigung – geht Blaubart als Sieger hervor.

Im Falle der Bartók-Oper *Herzog Blaubarts Burg* wird dies freiwillig-unfreiwillig durch Pina Bauschs auf dieser Vorlage aufbauendes ambitioniertes Tanztheaterprojekt körpersprachlich vorgeführt: *Blaubart beim Anhören einer Tonbandaufnahme von Béla Bartóks Oper „Herzog Blaubarts Burg"* lautet der vollständige Titel, und der Zuschauer erlebt, wie sich die Figuren durch permanentes Zurückspulen und Wiederholen der Tonkonserve körperlich spürbar an der Partitur abarbeiten. Als „technisches Machtinstrument, mit dem Blaubart andere beherrscht", und als „Ausdruck seiner Wiederholungszwänge im Umgang mit Frauen" hat man dieses Verfahren verstehen wollen und so den Triumph der Strategie bestätigt. Das Verführungsnetz des brillanten Opernwerks wird von den Frauen, hier sind es Pina Bausch und ihre Truppe, selbst aufgespannt und den eigenen Figurenentwürfen in derselben Art umgestülpt, wie den Tänzerinnen auf der Bühne die Zwangsgewänder Blaubarts umgeworfen werden. Am Ende zappeln beide als Marionetten an den Fäden kreativ manipulierender Kunst-Blaubärte, verstricken sich immer mehr in deren ästhetischen Maschen und lösen sich in ihren Rastern auf. So perpetuiert sich der Sog der Blaubart-Rituale nahezu automatisch und unter sensibler „weiblicher" Mithilfe, wodurch Strukturen der männlichen Herrschaftsform sukzessive bis in die letzten Schrittfolgen vordringen. Ein künstlerisch faszinierender Vorgang, dessen aufklärerische Wirkung allenfalls darin zu sehen ist, daß ein herrschendes gesellschaftliches „Einwicklungsverfahren" (Fried) auf diese Weise am Material festgemacht und theatralisch gezeigt und nicht nur analytisch behauptet wird.

Die Vorlage Bauschs selbst, Bartóks Oper, operiert mit ideologischen Ambivalenzen und inszeniert gekonnt ein nicht weniger problematisches Blaubart-Bild: das des Leidenden, Erlösungsbedürftigen, in seine eigene Festung Eingeschlossenen. Wo immer ein erlösungsbedürftig (scheinender) Mann auftaucht, findet sich, spätestens seit der Romantik und bis hin zu Bachmann, Struck und Lindenstraße, eine sich um Erlösung bemühende Frau. Aus Blaubarts letzter, seine monströsen Verbrechen freilegender Frau Judith wird im Zuge dieses Modells nun eine isoldenhafte Geliebte mit guten psychoanalytischen Grundkenntnissen. Gehorsam folgend, Hand in Hand durch seine lichtlosen Seelen-carceri fortschreitend, ertastet sie sich zusammen mit dem Unseligen die schwindel- und schauererregenden Labyrinthe seiner Burg, die – überdeutlich – als topographische Allegorie seiner inneren Gefühls- und Gedankenwelt zu entschlüsseln ist; „kalt und dunkel", klamm und feucht. „Deine Burg weint" – stöhnt die mitfühlende Gefährtin und sinkt ergriffen zu Boden:

„armer, armer Blaubart!
(Schluchzend sinkt sie vor Blaubart nieder und küßt ihm die Hände)"

Und auf die zwingende Frage nach den Gründen ihres Hierseins schwärmt die Idealistin von der Absicht, das dumpfe Seelengelaß zu öffnen, zu wärmen und zu illuminieren. Zwei Jahrhunderte ins Leere greifender weiblicher Aufklärungsoffensive werden hier opernhaft gesteigert, zelebriert, besser zementiert. Ob Lyrik oder Libretto, Trivialroman oder hohes Drama: Mit nicht ermüdender Gestaltungskraft wird uns vorgeführt, wie die unbelehrbaren Belehrerinnen und Bekehrerinnen sich – gleichfalls unermüdlich – am falschen Objekt abarbeiten. Ästhetisch wird so verklärt, was psychologisch gesehen eine mittlere Selbstzerstörungskatastrophe einleitet: das fatale Zusammenspiel von unreflektierter Erlösungshoffnung, fingierter Erlösungsbereitschaft und rigoroser Blockade-Strategie im Kontext ehelicher Partnerschaft. Immer wieder strukturieren Dialogteile wie der folgende das Libretto:

> „JUDITH
>
> … komm, wir öffnen sie, komm mit mir.
> *Ich* will sie öffnen, ich!
> [...]
> Blaubart, gib den Schlüssel her,
> gib den Schlüssel her, weil ich dich liebe!
>
> *(Sie sinkt an Blaubarts Schulter.)*
>
> BLAUBART
>
> Deine Hand ist gesegnet, Judith.
>
> *(Der Schlüsselbund klingt in der Dunkelheit.)*
>
> JUDITH
>
> Deine Schlüssel hast du mir gegeben.
> Oh, danke, Blaubart!
> Danke, danke."

Fatal sind diese Konfigurationen auch deshalb, weil in ihnen eine problematische Verquickung von Liebe, Selbstausbeutung und Blindheit geradezu zelebriert wird. Ob ihr dann eine Folterkammer („Messer, Nagelpflöcke, glühende Spieße") oder ein mit blutverkrusteten Waffen gespicktes Magazin eröffnet wird – die zur Liebeserlösung Entschlossene wird sich davon allenfalls kurzfristig erschrecken lassen, letztendlich aber wird sie in ihrem selbstwertsteigernden Helfersyndrom bestärkt, denn:

„Ich bin hergekommen, weil ich dich liebe.
Hier bin ich, Dein bin ich."

Die unerschütterlich in sich selbst ruhende Schlichtheit der Argumentation reicht auch für die verbliebenen Kammern und Räume. Da ist der Park der blutbefleckten Blumen, durch den die „Erlöserin" ebenso schaudernd-liebend schreitet wie durch die blut- und juwelenschimmernde Schatzkammer. Schließlich entwindet sie dem Geliebten auch den sechsten Schlüssel, um „schauernd" dem Tränensee gegenüberzustehen.

Der sich steigernde Schock der Entdeckungen führt nicht zu einem allmählichen Befremden oder gar zu einer Entfremdung des Paars. Im Gegenteil, die Zeichen emotionaler und erotischer Nähe und Intensität mehren sich. Nach dem Blick in die sechste Kammer, die den Tränensee enthält,

> *„(geht [Judith] mit geneigtem Kopf langsam auf
> Blaubart zu und schmiegt sich beinahe traurig an ihn)*
>
> Judith
>
> Blaubart ... Liebe mich.
>
> *(Blaubart umarmt sie, langer Kuß)*
>
> Judith
>
> *(mit dem Kopf an Blaubarts Schulter)*
>
> Liebst Du mich sehr, Blaubart?
>
> Blaubart
>
> Du bist der Glanz meiner Burg,
> Küß mich, küß mich, frage niemals.
>
> *(Langer Kuß. Ihr Kopf an Blaubarts Schulter.)"*

Doch sein „nie sollst Du mich befragen" wird so nicht akzeptiert werden. Judith verführt Blaubart zur Öffnung, Offenbarung auch des letzten Geheimnisses, hinter dem die Frage nach seiner Vergangenheit steckt. Im Kampf um dieses Geheimnis scheint die Situation zu eskalieren. Judith fordert, Blaubart verweigert die Öffnung. Wie die Züricher Inszenierung von Bob Wilson 1998 herausarbeitet, wehrt Blaubart jede Annäherung Judiths gleichsam körpersprachlich ab, seine Silhouette wird zur Ich-Festung. Die Blockade wird durch Judith aufgelöst, die eröffnet, den Inhalt der siebten Kammer bereits vor deren Öffnung zu kennen:

> „JUDITH
>
> Ich weiß, ich weiß, Blaubart,
> was die siebte Tür verbirgt.
> [...]
> Dort sind alle früheren Frauen,
> hingemordet, im Blut erstarrt.
> Ach, das Gerücht ist wahr ..."

Judith ist, dies wird Blaubart klar, die tödliche Beziehung zu ihm nicht naiv eingegangen. Nicht obwohl, sondern *weil* er als Frauenmörder bereits in aller Munde war, ist die selbsternannte Erlöserin diesen Ehepakt auf „Leben oder Tod" eingegangen, und so fordert sie mit dem Recht der Wissenden, die ganze Wahrheit zu sehen – eine radikale Logik, der sich auch Blaubart nicht mehr länger entziehen kann: Er ergibt sich den drängenden Forderungen der starken Frau, die ihm mit der ganzen Kraft einer bewußt Handelnden fordernd entgegentritt, und er übergibt ihr den letzten Schlüssel zu sich. Längst ist aus der bloß neugierigen Erkundung ein Machtspiel um Wissen und Unwissenheit geworden. Judith scheint im Begriff, die letzte Domäne des Mannes zu nehmen. Doch das Durchbrechen der Wahrnehmungshindernisse und die Enthüllung dieses Grals wird keine Erlösung für diese Wahrheitssucherin bringen. Die vermeintliche Leichenkammer erweist sich als eine Büchse der Pandora, aus der bedrohliche Schattenwesen steigen – Blaubarts Ex-Bräute:

> „JUDITH *(weicht bestürzt zurück)*
>
> Sie leben, sie leben, hier leben sie!
>
> *(Aus der siebten Tür kommen die früheren Frauen*
> *hervor. Sie kommen zu dritt, tragen Kronen und*
> *Juwelen und sind voller Glorie. Mit blassen Gesichtern*
> *und stolzem Gang kommen sie hintereinander heran*
> *und bleiben vor Blaubart stehen, der sich hinkniet.)*
>
> BLAUBART *(mit offenen Armen und als würde er träumen)*
>
> Schön, schön sind sie, tausendfach schön.
> Es hat sie immer gegeben, sie leben immer.
> Meine vielen Schätze haben sie gesammelt,
> meine Blumen haben sie gegossen,

mein Reich haben sie erweitert,
ihnen gehört alles, alles, alles.

JUDITH

Wie schön sie sind, wie reich,
ich, ach, bin eine Bettlerin und schäbig.

*(Gekrümmt und ängstlich steht sie als vierte
neben den früheren Frauen.)*

[...]
Ach, sie [sind] schöner, reicher als ich."

Der Liebesmachtpoker um Blaubarts Seelenillumination kippt und
wird zum Endspiel für Judith, in deren Rechnung ein entscheidender Faktor übersehen wurde: nämlich die Frage danach, ob sie der
vermuteten und ersehnten Wahrheit letztlich auch gewachsen ist.
Sie ist es nicht. Die Realpräsenz der (im geheimen Gedankenfach
des Gatten) noch immer lebendigen Vorgängerinnen, die wohlkonserviert und verführerisch erscheinen, läßt Blaubart in Verzückung
und Judith in Depressionen verfallen. Sie hatte die Attraktivität der
Konkurrentinnen schlicht unterschätzt. Die mit den Insignien und
Preziosen der Blaubart-Schätze ausgestatteten, verwandelten Vorgängerinnen sind längst zu wandelnden Inkarnationen seiner
Träume geworden. Jede einzelne ein erlesenes Unikat seines Ge-
schmacks, alle zusammen eine kostbare Kollektion exquisiter weiblicher Idealwesen, wie der Sammler der Betrachterin stolz dozie-
rend erklärt – ein Paradis artificiel erotischer Genüsse, die den
Herrscher dieses bizarren Reiches nach festem Plan erfreuen. Seine
Angaben machen deshalb den Eindruck einer Mischung von Hym-
nus und Gebrauchsanweisung::

„BLAUBART

Die zweite traf ich mittags,
am stummen, brennenden, goldenen Mittag.
Jetzt gehört ihr jeder Mittag,
ihr gehört sein schwerer Feuermantel,
ihr gehört seine goldene Krone,
jeder Mittag gehört nun ihr.

JUDITH

Ach, sie ist schöner, reicher als ich.

(Die zweite Frau geht zurück.)"

Blaubarts Festung: Festung Blaubart

Noch hat Judith den Zweck ihres Aufenthalts im Bezirk der lebenden Toten, der wohlkonservierten Frauen nicht voll erfaßt, sondern zeigt sich beeindruckt und gedemütigt von der Pracht der Inszenierung. Wenig später ist die Besucherin der Sammlung jedoch bereits im Begriff, ihrerseits in ein weiteres Exponat transformiert zu werden. Die Zurichtungen für die Ewigkeit werden vom Meister in gewählter, erhabener, programmatischer Sprache begleitet, wobei ihr die eigene Geschichte nun bereits in der dritten Person erzählt wird; sie, die „vierte", ist zum Prunkstück auserkoren, wenn er von ihr bereits als integriertem Bestandteil der Serie spricht.

> „BLAUBART
>
> Die vierte hat sich zu ihnen gesellt,
> und offen ist das Allertiefste meiner Burg:
> die ewigbewahrende Traumkammer.
>
> JUDITH
>
> Ach, du träumst nicht, Blaubart,
> ich bin eine arme lebendige Frau.
>
> BLAUBART
>
> Die vierte hat sich zu ihnen gesellt.
> Auch sie ist nicht schäbig, auch sie ist keine Bettlerin.
> Sie ist wirklich die schönste Frau.
>
> JUDITH *(schreiend)*
>
> Blaubart, schau mich nicht so an!
>
> BLAUBART
>
> Die vierte traf ich nachts.
>
> JUDITH
>
> Blaubart, halt, halt ein!
>
> BLAUBART
>
> In einer sternenvollen schwarzen Nacht."

In Blaubarts Worten ist aus dem Massengrab nun eine „Traumkammer" geworden, und Judiths Hinweis auf ihre Realexistenz als „arme *lebendige* Frau" besiegelt eher ihr Schicksal, als daß er es abwendet. Denn in Blaubarts Reich ist alles „Lebendige" per definitionem unerwünscht, insofern es notwendig seiner Vorstellung von Unsterblichkeit und Perfektion widerspricht. Erst im konservierten, das heißt zugleich ästhetisierten und domestizierten Zustand, als Teil seines Systems, nicht als Störfaktor, ist ihm der andere, ist ihm die Frau willkommen. Judiths Erlösungsversuch geht gleitend, suggestiv und ohne ernsthafte Gegenwehr in ihre kreatürliche Auflösung durch Blaubart über: Die Metamorphose vom Individuum zur Intarsie, von der eigenwilligen Frau zum sterilen Artefakt könnte nicht drastischer, nicht suggestiver vorgeführt werden:

JUDITH

Schweige, schweige, noch bin ich da!

BLAUBART

Dein weißes Gesicht glühte leuchtend,
deine dunklen Haare jagten die Wolken,
dir wird nun jede Nacht gehören.

(Geht zur dritten Tür. Von dort bringt er Krone, Umhang und Juwelen, die Judith auf die Schwelle gelegt hatte. Die dritte Tür schließt sich. Er legt den Mantel um Judiths Schultern.)

Dir gehört ihr Sternenmantel."

Der Text der unvertonten Version des Stückes formuliert noch drastischer:

„JUDITH

Blaubart, ich brauche ihn nicht, ich brauche ihn nicht!

BLAUBART

Dir gehört ihre Diamantenkrone.

(setzt ihr die Krone auf den Kopf)

JUDITH

Ach, ach, Blaubart, nimm sie ab.

BLAUBART

Dir gehört mein kostbarster Schatz.

(legt ihr den Schmuck um den Hals)

JUDITH

Ach, ach, Blaubart, nimm ihn ab.

BLAUBART

Schön bist du, schön bist du, tausendfach schön,
du bist die schönste Frau gewesen,
die schönste Frau!

*(Sie schauen einander lange in die Augen. Judith
krümmt sich langsam unter dem Gewicht des Mantels,
neigt den Kopf unter der Diamantenkrone und geht
am silbernen Lichtstreifen entlang hinter den anderen
Frauen durch die siebte Tür. Auch diese schließt sich.)*

Und jetzt wird für immer Nacht sein ...
Nacht ... Nacht ...

(völlige Dunkelheit, in der Blaubart verschwindet.)"

Die besondere Perfidie der Szene besteht in der Art und Weise, wie
das „lebendige" Wesen auf offener Bühne ästhetisch überlagert und
ausgeblendet wird. Sprachlich geschieht dies durch das völlige
Ignorieren des Widerstands, den Judith äußert. Statt auf ihre Aussagen zu reagieren, übertönt Blaubarts Verklärungslyrik ihre Stimme
und folgt nur der Spur des eigenen Textes. Es ist, als ob die Sprache
durch das Gegenüber hindurchginge. Dasselbe Verfahren wird auf
gestischer Ebene in gesteigertem Maße angewandt. Was sich als
Krönung und Inthronisation darstellt, wird zu Gehirnwäsche und
Psychofolter. Eingewickelt, erdrückt und erstickt von Bedeutungs-
zuordnungen, die nichts mit ihr zu tun haben, geht Judith zu Boden, um danach widerstandslos als Nr. 4 in den makabren Reigen
der Opfer einzugliedert zu werden.

Blaubarts prunkvolles Einwicklungsverfahren entmündigt das
Du durch bloßes, systematisches Ignorieren von dessen Eigen-Ar-
ten. Es läßt den anderen, die andere unter Blaubart-Worten und
unter Blaubart-Dingen verschwinden. Als mutiertes Wesen wird
das, was von ihr nach diesem Abtötungsvorgang noch übrigbleibt,
vom System Blaubart wie eine köstliche Auster aus- und aufgeso-
gen. Die Musik erscheint dabei als ideales Medium dieses ästhetizi-
stischen Herrschaftsverfahrens. In kristallklaren Kadenzen zeichnet der Melodiebogen des Finales einen Untergang, der samtweich
die Katastrophe in eine Befriedung des Aufruhrs umdeutet und
gleichzeitig zum Anfang zurückführt und damit signalisiert, das

makabre Spiel um die sanfte Bändigung einer widerspenstigen Aufklärerin könne immer wieder neu beginnen: Judith muß, hier unterscheidet sich die Oper von vielen früheren Interpretationen, nicht Blaubarts letzte Frau gewesen sein. Nachdem sie aufgeräumt ist, kehrt wieder jene Grabesruhe und bergende Dunkelheit ein, die zu Beginn herrschte und die von dem Fremdkörper Frau in seiner „lebendigen" Form kurzfristig gestört wurde. Die musikdramatische Konzeption, Anfang und Ende lupenrein ineinandergreifen zu lassen und die Atonalität, die durch Judiths konfliktorientiertes Verhalten im Mittelteil der Oper dominiert, auszutreiben, alles zu sedieren, zu reharmonisieren, macht den fatalen Mechanismus dieses fulminanten Anti-Aufklärungs-Mysteriums transparent – ohne ihn freilich zu diskreditieren. Der Angriff auf die Festung „Blaubart" wird durch ein besonders raffiniertes Kapitulations-Ritual abgewehrt.

Es ist irritierend festzustellen, daß im Gegensatz zu den Vorlagen des 19. Jahrhunderts im 20. Jahrhundert – bis in die postfeministische Ära der späten neunziger Jahre hinein – die Figur Blaubarts einerseits weich konturiert, seine Vorgehensweise andererseits als immer erfolgreicher dargestellt wird. Bleibt er im 19. Jahrhundert moralisch und körperlich auf der Strecke, so ist für die Moderne sein Sieg auf allen Ebenen festzustellen. Die unmittelbare Quelle des Librettos, Maurice Maeterlincks lyrisches Singspiel *Blaubart und Ariane oder Die vergebliche Befreiung* (1899), macht diese Tendenz noch handgreiflicher. So gesehen ist es interessant, daß auch dieser Text gegenwärtig erfolgreiche Wiederaufnahme erfährt.

Maeterlinck führt in das Geschehen auf Blaubarts Festung aus ungewohnter Außensicht ein: Aufruhr vor der Burg. Im Volk macht sich Unruhe, Empörung über den Souverän breit. Während Ariane im Schloß Einzug hält, marodiert die Menge: Mit Heugabeln, Sensen, Feuer wird gegen das Treiben im Schloß protestiert. Und auch im weiteren Verlauf werden Bauern als Vertreter der Außenwelt in das Geschehen im Schloß einzugreifen versuchen – allerdings wird es bei Versuchen bleiben. Die erregten Stimmen klingen ab, die Tore schließen sich. Ariane, die sechste Frau, und ihre Amme beginnen mit den übergebenen Schlüsseln Türen zu öffnen. Warnungen werden von der selbstbewußten jungen Frau souverän in den Wind geschlagen. Für sie steht fest:

„Er liebt mich, ich bin schön und ich werde sein Geheimnis erfahren. Ich muß zunächst ungehorsam sein; das ist die erste Pflicht, sobald er befiehlt und droht, statt zu erklären. – Die anderen haben unrecht getan, und wenn sie verloren sind, so liegt es daran, daß sie gezaudert haben." (Erster Aufzug)

Im Unterschied zu allen anderen macht sie sich eigenständig daran, das Zentrum der Irritation anzugehen: Nur die verbotene Tür ist für sie von Interesse. En passant läßt sie die Amme sich an den Bijouterien, die die Türen Nr. 1 – Nr. 6 enthalten, erfreuen, weist abergläubisches Geraune von sich und öffnet selbstsicher, ohne jede Heimlichkeit, die siebente Türe.

Von Blaubart gestellt, kommt es zu einer kämpferisch ausgetragenen Kontroverse, in der Ariane nur für einen kurzen Moment zu verunsichern ist:

> BLAUBART *(bleibt einen Augenblick stehen und betrachtet Ariane, dann tritt er auf sie zu)*
> Auch du ...
>
> ARIANE *(zittert, dreht sich um, verläßt das Gewölbe und schreitet diamantenglänzend auf Blaubart zu)*
> Ich vor allen.
>
> BLAUBART
> Ich hielt dich für stärker und klüger, als deine Schwestern ...
>
> ARIANE
> Wie lange haben sie das Verbot befolgt?
>
> BLAUBART
> Die eine wenige Tage, die andere ein paar Monate, die letzte ein Jahr ...
>
> ARIANE
> Die hättet Ihr allein bestrafen müssen.
>
> BLAUBART
> Es war wenig genug, was ich verlangte ...

ARIANE

Ihr verlangtet mehr von ihnen, als Ihr gabet.

BLAUBART

Du verdirbst dir das Glück, das ich dir zugedacht.

ARIANE

Das Glück, nach dem ich trachte,
kann nicht im Finstern leben.

BLAUBART

Verlange nichts mehr zu wissen,
und ich kann verzeihen ...

ARIANE

Ich könnte nur verzeihen, wenn ich alles weiß."
(Erster Aufzug)

Endlich kein verdrucktes Gebettel mehr und nichts von pseudounterwürfigem Verständnis. Im Gegenteil, Ariane beharrt auf ihrer zentralen Forderung: der absoluten Wahrheit. Und sie wird auch im zweiten Akt des Dramas nicht von dieser Forderung abrücken. Tatkräftig erlöst sie die noch lebenden fünf Vorgängerinnen fast im Alleingang aus dem Kerkerloch: regungslos zitternde, verstörte Wesen, die noch immer unter dem Schock der Traumatisierung durch Regeln, Verbote und Schocks stehen.

Es kommt zu einem in dieser Dimension unerhört erscheinenden Ausbruchsversuch, bei dem Ariane alles riskiert. Wände, die den Kontakt zur Außenwelt verhindern, werden kraftvoll durchstoßen: Beruhigendes Mittagsgeläut, Vogelgesang, grüne Bäume und sich bekreuzigende Bauern signalisieren den Ausbruch der Frauen, die in einem „Reigen des Lichts" dem Sonnenlicht entgegentanzen. Im Finale des zweiten Aufzuges scheint der Bann gebrochen, Blaubarts Geheimnis nicht nur aufgedeckt, sondern seine sadistische Herrschaft überwunden.

Nach einem Überfall der sich solidarisierenden Bauern erscheint Blaubart. Blaubart erstmals als Opfer: der Würger, nun selbst „geknebelt", der Schlächter, nun selbst blutend, ein „Bündel", das, so einer der Bauern, „Euch nicht mehr sehr viel schaden wird.":

„So, da liegt er. Jetzt muckst er nicht mehr."

Doch was Blaubart als Tyrann nicht gelang, die vollständige und freiwillige Bändigung der Frauen, gelingt ihm als Opfer, als blutendes „Bündel". Reflexartig und kollektiv verwandeln sich die eben noch revoltierenden und zum Ausbruch Entschlossenen zu mildtätigen Samariterinnen, die sich des Geschundenen annehmen. Zwar fungiert die kämpferische Ariane auch dabei als Wortführerin, doch die eben noch vorhandene Solidarität zerbricht im Schlußteil der Dichtung rapide:

> „ARIANE *(Als sie sich umdreht, sieht sie die fünf*
> *Frauen im Hintergrund auf den Knien liegen.)*
>
> Ihr lagt auf den Knien! ...
>
> *(Sie nähert sich Blaubart.)*
>
> Seid Ihr verwundet? ... Ja, das Blut rinnt hier ...
> Eine Wunde am Halse ... Es ist nichts, die Verletzung
> ist nicht tief. Und eine am Arm ... Die Wunden am
> Arm sind nie sehr ernst ... Ach, aber diese! ...
> Das Blut hört gar nicht auf ... Die Hand ist
> durchstochen ... Sie muß zu allererst verbunden
> werden ...
>
> *(Während Ariane noch spricht, sind die fünf Frauen*
> *ohne ein Wort zu sagen, näher gekommen und beugen*
> *sich, teils niederkniend, über Blaubart.)"*   (Dritter Aufzug)

Sorgsam, pragmatisch, effizient ist der medizinische Beitrag der Protagonistin zur Wiederherstellung des geschundenen Blaubart. Ein letzter flüchtiger Kuß auf die Stirn des bereits Genesenden, zwei, drei Versuche, etwas von der gewesenen Solidarität den anderen zu retten. Dann geht Ariane. Sie verläßt die bereits wieder kollektiv um den Mann gescharte Frauengruppe, nachdem ihr klar geworden ist, daß nicht nur äußerliche Festungswälle Blaubart und seine fünf Frauen zusammenhalten, sondern – weit wirksamer – innere Ketten der Sentimentalität, der mißverstandenen Treue, der erotischen Bedürftigkeit, der kitschigen Sehnsucht danach, dominiert zu werden.

Gustave Flauberts dubioses Diktum, wonach „die Frau das Erzeugnis des Mannes ist" und „Gott (...) das Weibchen [und] der Mann die Frau geschaffen" habe (Brief an L. Colet, 27.3.1853), sie also dessen Kunstprodukt und Kunstwerk sei, erhält auf dem Hintergrund dieses befremdenden Blaubart-Finales eine gefährliche Ambivalenz. Der Vernichter wäre in dieser Logik zugleich die vielleicht radikalste Variante des Schöpfers. Ein Schöpfungsvorgang auf der Basis der eigenen Defekte kann jedoch nur neuerlich defizitäre Wesen hervorbringen. Blaubarts sich in sentimentalen Tränen und Liebkosungen verzehrende Frauenrunde stellt sich als nichts anderes dar als eine Reihe solcher trabantenartiger anverwandelter Kunstgeschöpfe, die nur einen Männer-Gott kennen, der zugleich ihr Vernichter ist. Blindgläubige Monotheistinnen der Liebe, denen auch das stärkste Ariadne-Zugseil aus dem Labyrinth ihrer mentalen Gefangenschaft keinen Weg weisen kann. An den Geschlechtsgenossinnen scheitert deshalb die als Männererretterin ja gleichfalls seit der Antike geschulte Ariane:

> „ARIANE
>
> Sieh, das Tor ist offen, die Fluren sind blau ...
> Kommst du nicht, Ygraine?
>
> *(Ygraine wendet nicht einmal das Haupt)*
>
> Der Mond und die Sterne leuchten auf allen Straßen,
> und das Morgenrot neigt sich herab vom azurnen Gewölbe
> und zeigt uns eine Welt, übergossen von Hoffnung ...
> Kommst du, Bellangère?
> *(kalt)* Nein!
> Soll ich allein gehen, Alladine? ...
>
> *(Bei diesen Worten eilt Alladine auf sie zu, wirft sich*
> *ihr an die Brust und hält sie in krampfhaftem Schluchzen*
> *lange und fiebernd umschlungen. Ariane erwidert ihre*
> *Umarmung und entwindet sich ihr sanft voller Tränen.)*
>
> Bleib auch du, Alladine ... Lebt wohl, seid glücklich ...
>
> *(Sie geht schnell, von der Amme gefolgt. Die Frauen*
> *blicken erst sie, dann Blaubart an, der langsam den*
> *Kopf hebt. Bellangère und Ygraine zucken die*
> *Achseln und gehen nach der Tür, um sie zu schließen.*
> *Schweigen. Der Vorhang fällt.)“*

Allenfalls sich selbst vermag sie noch aus dem Sog der Hingabe zu befreien. Den Gefährtinnen ist der Rückweg ins Freie von innen heraus verboten. Zu sehr hat der Prozeß der Gender-Manipulation sie bereits zu Wesen werden lassen, die nur mehr im Kunstreich der Blaubartwelt „überlebensfähig“ sind: Man spürt, auch sie selbst spüren, daß sie dem Aroma der Wirklichkeit nicht mehr gewachsen wären. Dies ist die vielleicht prekärste Folge des Blaubart-Verfahrens: Objekte zu kreieren, die sich selbst die Fähigkeit absprechen, das sie vernichtende Regelwerk zu durchdringen und von daher an jedem Emanzipationsakt nur vorübergehend interessiert sind. Ariane also, die „Eva der Zukunft", kann nicht auf die Mitwirkung von erotischen Pflegeheiminsassinnen rechnen, die sich das Recht auf Selbst-Erfindung längst selbst abgeschworen haben.

Flauberts Kunstfrauentheorie ist zugleich zeitspezifisch und überzeitlich, versponnen *und* sehr konkret. An Projekten, die Frau nach seinem eigenen Zerrbild zu formen, hat es in der Geschichte nicht gefehlt. 1886 zum Beispiel hängt Villiers de l'Isle-Adam in seiner *Eve future* noch immer der Idee des männlichen Gestalters nach, sein fiktiver Erfinder schwelgt im Traum der geklonten Idealfrau:

„An Stelle der Seele aber, die Sie in der Lebenden abstößt, werde ich eine Art von Seele einhauchen, die weniger bewußt vielleicht – ich sage vielleicht – aber tausendmal schöner und edler, ja sogar jener erhabensten Eindrücke fähig sein wird, ohne welche unser ganzes Dasein ja wertlos und so verlogen ist. Ich werde mit Hilfe des Lichtes die genaueste Reproduktion dieser Frau, eine Entdoppelung ihres Selbst hervorrufen. Und indem ich es auf ihre strahlende Materie konzentriere, werde ich die imaginäre Seele dieses neuen Geschöpfes in einer Weise erklären, daß selbst die Engel des Himmels darob erstaunen dürften. Ja, ich will die Illusion *bezwingen!* In der Erscheinung, die ich hervorzubringen gedenke, will ich des Ideales selber mich bemächtigen, daß es sich zum ersten Male *Ihren Sinnen* als etwas *Greifbares, Hörbares,* etwas Materialisiertes darstellt. Denn so, wie Ihr entzückter Sinn das leuchtende Trugbild dieser Frau, bevor Sie enttäuscht wurden, erfaßte, so genau an dem Punkte will ich sie bannen und ein zweites Exemplar der Lebenden erzielen, das genau Ihren Wünschen entspricht! Ich will diesen Schatten ausstatten mit allen Harmonien der Antonia Hoffmanns, allem leidenschaftlichen Mystizismus der Ligeia des Edgar Allan Poe, allen verführerischen Reizen von Wagners Venus. Ich will – und ich werde Ihnen noch einmal im voraus beweisen, daß ich es wirklich vermag – aus den geheimen Kräften der heutigen menschlichen Wissenschaft ein Wesen nach unserem Ebenbilde schaffen, ein Wesen, das sich zu uns so verhält wie wir zu Gott.
Und Edison erhob die Hand wie zum Schwur."

Reproduzierbare, serienreife Kopien ihrer selbst, also puppenhafte, mechanische Gestalten, die man versucht ist, aufzuziehen – auch dieses Frauenbild geistert erstaunlich resistent und unversehrt durch die Imaginationen der Moderne. Was es bedeutet, wenn Maeterlincks kühner, wenngleich scheiternder Vorstoß, die gespenstische Puppenstubenmetaphorik aufzubrechen, von Bartók auf eine Art und Weise aufgenommen wird, die den Domestizierungseffekt extrem intensiviert, und wenn schließlich Pina Bausch mit ihrem (auf Bartók bezogenen) Tanztheater diese Tendenz zum kollektiven Phänomen steigert, ist zu fragen. Der Befund, daß literarische Restriktionsdarstellung und feministische Emanzipationstheorie in einem erstaunlichen Mißverhältnis zueinander stehen, ist jedenfalls überaus klar, ebenso wie die Tatsache, daß über Blaubart schreibende Frauen sich in der Regel nach demselben Schema verhalten, das Maeterlincks Fünfergruppe kennzeichnet. Mag sein, daß das Schreiben „über die Natur des Feuers mit einer verbrannten Hand" (Bachmann) nicht sicherer werden läßt, allenfalls reflektierter.

Möglicherweise wirksamer als programmatische Kundgaben und feministisch getönte Programme sind spielerische, ironisch überformte Versuche, die etablierte Herrschaftsstruktur durch ein Verlachen aufzubrechen. Prototypisch für dieses Verfahren ist J. Offenbachs und L. Halevys Oper *Barbe bleue* von 1866. In dieser „opéra bouffe" ist Blaubarts Sechste auch endlich nicht mehr von vornehmer Noblesse oder diskreter Lieblichkeit. Die ihm durch Los zugesprochene Boulotte, ein wortgewandter, robuster Rubenstyp, weiß sich ihrer Haut zu erwehren. Ihr gelingt, was Ariane noch versagt blieb, nämlich die (mittels einer Elektrisiermaschine) wiederbelebten fünf Schicksalsgenossinnen auf *gemeinsamen* Protestkurs zu bringen. Am Ende des dritten Akts stimmen alle in Boulottes Kampflied ein und beschließen, ins Leben zurückzukehren und Rache zu nehmen. Als Anführerin einer Zigeunergruppe platzt sie ins Finale und verpatzt Blaubart die nächste Hochzeit mit der schönen Königstochter Hermia. Statt dessen konfrontiert sie ihn und den trottelig-brutalen König Bobèche mit deren jeweiligen Opfern: den fünf beziehungsweise sechs geretteten Frauen im einen Fall, mit fünf auf königlichen Befehl Hinzurichtenden im anderen. Nur der „verantwortungslosen Heiterkeit" der gattungsbedingten Absurdität des Genres der Operette ist es nach Karl Kraus (*Grimassen über Kultur und Bühne*, 1909) zu verdanken, daß die Szene nicht zum Fanal wird und in eine Katastrophe führt, sondern sich eine ebenso groteske wie banale „Lösung" findet. Angesichts der gleichen Anzahl untoter Frauen und Männer entschließt man sich zu einer Massentrauung. Ein weiterer ins Leben Zurückgekehrter ehelicht die nun überzählige Königstochter. Den Blaubart bekommt – ein zwei-

Endlich! Blaubart als tyrannischer Gnom

tes Mal – die forsche Boulotte. Für ihn, der es sich zum Prinzip gemacht hatte, die Frauen aneinanderzureihen, sicher eine ganz unge-
wohnte Erfahrung, war er doch davon ausgegangen, die vakante
Stelle neu besetzen zu müssen. Die düstere Lamentation schlägt dabei mit plötzlichem Ruck in ein frivoles Cancan-Lied um:

„BLAUBART

Wie ich sinne und mich sehne!
Wer ersetzt mir endlich jene,
die ich bisher ...

CHOR

die er bisher ...

BLAUBART

die ich bisher hab' verehrt?
Ich blick' vorwärts, denk ans nächste,
meiner wartet ja die sechste,
solang' sie noch nicht entseelt!
In den Armen der Geliebten
träum' ich dann schon von der siebten,
wenn ich mich nicht hab' verzählt.
Ich bin Barbe-bleue,
ein Blaubart bin ich."

Mit einer zynisch frechen Gebärde wird alle dramatische Ernsthaftigkeit scheinbar auf den Kopf gestellt, oder umgekehrt werden die
monströsen Kopfgeburten Blaubartscher und königlicher Willkür
auf die Füße gestellt: Der Dompteur, der die Frauen dressierte, wird
nun, erstmals, seinerseits in die Pflicht einer ernsthaften Dressur genommen. Daß dies paradoxerweise im unernsten „Verkehrte Welt"-
Kontext der Operette erfolgt, nimmt dem Geschehen nichts von seiner Bedeutung. Die Operette ist im Gegenteil gerade aufgrund ihrer
vermuteten Leichtigkeit, ihrer souveränen Planlosigkeit und heiteren Unmöglichkeit das ideale Genre, um interne Verwerfungen und
absurde Mechanismen der Gesellschaft anschaulich zu machen ohne
alle moralisierenden oder sentimentalisierenden Begleitstimmen.
    Die Ultima ratio einer mechanisch arrangierten Massentrauung
ist das exakte Korrespondenzbild zum Irrsinnsritual der Serienhei-
raten und -tötungen Blaubarts, und die Ehe als Katastrophenschau-
platz erster Ordnung wird so gleichermaßen befreiend wie subversiv exponiert.

Zeichnung von Peter Rühmkorf (1982): das Selbstportrait ist unverkennbar

Zwischen Dämonisierung und Veralberung bewegt sich die Deutungsspannweite der Blaubart-Legende insgesamt. Es ist auffällig, wie oft Blaubart moritatenhaft ins Komische gewendet wird, so als wolle man ihn auf diese Art verkleinern. *Blaubärtchen* nennt sich eine einschlägige „Märchen- und Geschichtensammlung von 1990, in der Autoren wie Michael Krüger („Die Blaubart-Stiftung"), Peter Rühmkorf, Elke Heidenreich, May Feldon witzige, eher gefällige Töne anschlagen. Wie eine Art Struwwelpeter hopst der ungezogene Blaubart-Bengel durch die Mehrzahl der Geschichten: ungezogen, allenfalls ein Wüterich, der mit dem Federkiel zusticht, und wenn er denn, wie bei Elke Heidenreich, auch noch imponierend dargestellt wird, so schwelgt die Erzählerin sogar von einem Eheglück auf Dauer. Oder man spinnt die Geschichte etwas weiter, kümmert sich um „Blaubarts Tochter" (S. T. Warner), läßt ihn zum Muttersöhnchen oder harmlosen Hagestolz verkommen. Alles ersichtlich mit dem Ziel, die sinistre Geschichte in einen Mythos „light" zu transformieren. Solche Anstrengung wird nicht ohne Grund unternommen. Die erheiternden Metamorphosen bewirken psychische Entlastung, da sie das Gewicht umleiten und die Individuen vom Druck der Emanzipation – zumindest auf Zeit – befreit erscheinen lassen. Die unernst gemeinte Sinngebung auf der Bühne oder im Text entspricht durchaus der Lebensauffassung einer Gesellschaft, die sich auf ihre postmodernen Tage verzweifelt diffuse Ironiesignale zuwirft und mit der Pose der eigenen Infantilität kokettiert.

Ähnlich wie man bereits vor eineinhalb Jahrhunderten versucht hatte, die Geschichte in juvenile Literaturvermittlungsformen zu kleiden, um sie verkleinert, idyllisiert und verniedlicht – um so besser und lustvoller genießen zu können. Man denke etwa an den Bilderbogen des Grafen Pocci, der das Märchen 1845 als Comic erzählt *und* gezeichnet hatte. In Bilderbuchmanie schreitet der schwertbewaffnete Held aufrecht und starräugig, aber letztlich doch eben als Märchenfigur über Frauenleichen. Altdeutsch schnörkelig, von dekorativen Ranken durchzogen und mit possierlichen Gnomen besetzt, verwandelt sich die grausige Ballade zum beruhigenden Ammenmärlein, Blaubart mutiert zum galanten Winzling, die Psychologie des Bösen wird durch heimeliges Gruseln abgelöst. Aus dem exemplarischen Drama von Verbot und Überschreitung wird wieder das alte Liedchen vom „neugierigen [...] Gegucke, Geducke, Gerucke ...". Grausamkeiten werden ausgespart oder zur Arabeske verwandelt. So konzentriert sich die Darstellung der Bestrafung exakt auf den Moment zwischen dem Ausholen zum tödlichen Streich und der Unterbrechung durch die rettenden Brüder, hält den Film an der empörendsten Stelle an, bannt und konserviert so den Schrecken: Über Knittelverse und klappernde Dreierreime torkelt das Geschehen zum gerechten „Finis opera" weiter, präsentiert Blaubarts hingestreckten Leib als Symbol vollzogener Rache und wiederhergestellter Gerechtigkeit.

Der Ballade ist es nicht um die Rettung der Frau, sondern der Idylle zu tun. Die Geschichte bewegt sich tastend entlang an Augenblicken der Gefährdung, der Bedrohung, und versucht noch während des Erzählens zu beschwichtigen, Ängste auf kleiner Flamme zu kochen – Horror en miniature.

All dies sind Spielarten eines sich vielgestaltig präsentierenden Prinzips des Beschwörens und Bannens eines tabuisierten Bezirks: Verbotene Denk-, Gefühls-, Wahrnehmungs- und Lebensräume, hinter denen etwas Unnennbares, Ominöses, Böses vermutet wird, sind zentraler Bestandteil bürgerlicher Gesellschaftsordnung im 19. Jahrhundert. Angstvoll fasziniert werden diese schwarzen Löcher, in denen das Gesellschafts„etwas" (Fontane) gespeichert ist, umkreist. Das heimliche Auge an das Schlüsselloch zum verbotenen Bezirk gepreßt, angstvoll und mit stockendem Atem, Grenzüberschreitung mit schlechtem Gewissen und üblen Folgen, die zwar gerade noch abgewendet werden kann, aber deren Schock tief sitzt: dies ist das bestimmende Bild der Epoche, ihr Emblem. Alles Bedrohliche sollte dem Blick verborgen bleiben, und alles Verborgene mußte als potentiell bedrohlich empfunden werden: Triebe und Sexualität ebenso wie Eigenwilligkeit und Abweichung von Normen.

Als einstmals er von Hause ritt,
Nahm er sein junges Weib nicht mit,
Und heuchelt' eine süße Bitt':
„Da geb' ich einen Schlüssel dir,
„Der sperrt das Schloß des Zimmers
                                hier;
„Und nun, lieb Weib, gelobe mir,
„Daß du die Neugier wohl bezähmst,
„Und dich darob nur gar nicht grämst,
„Wenn du in dies Gemach nicht kämst.
„Betritt es nicht — ich warne dich —
„Die Strafe wäre fürchterlich!
„Nur wahr' das Schlüsselchen für mich.
„Leb wohl', ich kehre bald zurück;
„Verscherze nicht dein Lebensglück,
„Den Schlüssel nicht ins Schlößlein
                                drück!"

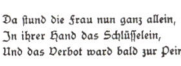

Da stund die Frau nun ganz allein,
In ihrer Hand das Schlüsselein,
Und das Verbot ward bald zur Pein.

„Was birgt wohl jene Kammer doch,
„In die ich nie gekommen noch?
„Ei was, ich guck' durchs Schlüsselloch!
„Durchs Schlüsselloch? — Ist's denn
                                wohl gut?
„Mir scheint's fürwahr nicht Übermut,
„Vielleicht schau ich verborgen Gut!" —
Da ward der Kopf etwas geduckt,
Ein bißchen durch das Loch geguckt
Und endlich auch am Schloß geruckt.

Da zückte Blaubart schon den Stahl,
Horch! welch ein Ton dringt aus dem
                                Thal?
Ein Büffelhorn ist es allzumal.
Da knarrt das Thor, die Brücke fallt,
Hustritte hallen und nahen bald
Ein lauter Ruf durchs Schloß erschallt.
Die Brüder eilen liebeswarm,
Es sank das Schwert aus Blaubarts Arm,
Bald endet seines Weibes Harm.

Das Grauen aus dem Bilderbuch: altdeutscher Blaubart-Zauber

So stellt sich der harmlos erscheinende Bilderbogen als subtiles, sich nur naiv gebendes Erziehungsinstrument dar. Eine Maschine, die Ängste der Gesellschaft zugleich beschwört *und* bannt, den Blick auf die als abgründig und anstößig empfundenen Zonen lenkt *und* zugleich ausblendet. Die Ambivalenz dieser komplizierten Bewältigungs-Optik tritt bisweilen ausdrucksvoll in Erscheinung wie in der Darstellung des Schreckensmoments nach der Öffnung der Kammer in dem Bilderbogen von Otto Bausewetter: Attraktion und Abschreckung lassen einen Bewegungsablauf entstehen, in dessen Mittelpunkt ein sich selbst anonymisierendes Wesen steht. An der Schwelle der Erkenntnis abdrehend, stiftet sie stellvertretend den Leser, besonders die Leserin zur Flucht an. Anstatt sie zur Neugier zu animieren und die Enthüllung zu forcieren, beschleunigt sie den Prozeß der panischen Selbstauslöschung, den ihre Arme gestisch verdeutlichen.

Eine Darstellung wie diese hilft, prototypische Verhaltensmodelle durch Kunst und Literatur systematisch zu simulieren und letztlich einzuüben. Ob Emilia Galotti oder Effi Briest, Donna Anna oder Franziska Ranner – so werden Frauen fliehen, vor ihren Erkenntnissen fliehen, und den Akt dieser Erkenntnis symbolisch ungeschehen zu machen versuchen. Ein fatales Verhaltensmuster, das eine faktisch zunächst nicht vorhandene Verstrickung überhaupt erst herstellt. Mittelbare Folge dieses Rituals ist eine absurde Komplizenschaft, die ihrerseits die Dinge auf den Kopf stellt und auf den Knien einer wahnwitzigen Unterwerfungsgeste endet:

Die Schematisierungen von Illustrationen und Comics zeigen oft drastischer, als dies Texte vermögen, worum es im Kern der Geschichte geht. Der Kniefall gilt dem Unterleib des Mannes: gestiefeltes und gespornstes Symbol der Macht und Gewalt. Piktogramme der Selbstaufhebung und Unterwerfung, die einem Bilderbuch der Vorgeschichte zwischenmenschlicher Verhaltensmuster entnommen zu sein scheinen. Das Verhältnis zwischen Mann und Frau verkürzt sich dabei auf die Begegnung zwischen Kolonisator und Kolonisiertem. Eine Ikonographie, die sich mit erschreckender Starre und Kontinuität bis in Alltagsdokumente der jüngeren Vergangenheit erhalten hat, wie die nachfolgende Kinderzeichnung der letzten Station des „Blaubart-Kreuzwegs" verdeutlicht. Der Unterwerfung folgt die Bestrafung, die Tötung der in Besitz genommenen Frau durch die exekutive Hand des Homo erectus:

Panischer Schreck, kopflose Flucht: – vor Neugier wird gewarnt!

Wie sich die Bilder gleichen: Unterwerfungsrituale 1888 und 1955

Es ist, als ob hier nicht nur zwei Welten, sondern auch zwei völlig unterschiedliche Zeitschichten aufeinanderträfen. Die Frau, das Opfer, erscheint zeitgenössisch, während der Täter, Conquistador und Raubritter in einem, den Typus einer atavistischen Herrschaftsform verkörpert. Im Kampf der Geschlechter siegt also nicht der flexible Teil, sondern der fossilierte. Blaubart reicht aus einer anderen Zeit bis in dieses Jahrhundert. Allenfalls seine Methoden haben sich angepaßt, der Kern seines Wesens ist seit Jahrhunderten unverändert. So gesehen ist es kein Zufall, wenn ausgerechnet Blaubart im Figuren-Panoptikum des H. C. Artmann, des „wahrscheinlich einzig wesentlichen Dichters, den die deutsche Literatur nach 1945 hervorgebracht hat" (nach P. O. Chotjewitz), an prominenter Stelle, zwischen „Kindafazara" (Kinderschänder) und „Greissla" (Händler) auftaucht. Spukerscheinung und Durchschnitts-Gestalt in einem, dreht er zwei Runden auf der Geisterbahn oder auch dem „Ringelgschbüü" (Karussell) der Literaturmythen; zwei Blaubart-Monologe, die die „Banalität des Bösen" in Dialektsprache hautnah evozieren. „Blauboad I" ist eben im Begriff, das achte Opfer zu umwerben; der Karussellbesitzer skizziert dabei bereits zu diesem Zeitpunkt das Finale dieses „libesdraums":

„heit lod i ma r ei di ochte
zu einen libesdraum –
daun schdöl i owa s oaschestrion ei
und bek s me n hakal zaum!

so fafoa r e med ole maln
wäu ma d easchte en gschdis hod gem –
das s mii amoe darwischn wean
doss wiad kar mendsch darlem!"

Aus dem einstigen Burgherrn ist mittlerweile ein Kleinbürger geworden, der seine Frustrationen am besten abbaut, wenn er zu den Klängen seiner Drehorgelmusik Frauen verhackstückt, um sie dann unter dem Schlafzimmerboden zu verbergen. Das kleinbürgerliche Kellertreppen- und Hinterhaus-Szenarium ist aller großartigen Requisiten des Rittertümelnden entkleidet und offenbart unverstellt den miefigen Sadismus eines zu Herrn Karl geschrumpften Blaubart. Eines Blaubart, der nachts aus Angst vor den „dodn Weiwern" das Licht anläßt und sich vorher an den Details seiner antizipierenden Phantasien delektiert; „blauboad" phantasiert in vorfreudiger Erregung:

„heit kumst ma ned aus
heit muas a de griang
[…]
heit brenan ma keazaln
in bumpadu bluad"

Er legt sich fachmännisch bereits die Instrumente der geplanten „operation" zurecht, prüft das frischgeschliffene Messer, stimmt sich aber bereits auch mental auf das mörderische Vorhaben ein und präfiguriert die Gefühle danach; von Waschungen in „finztara Unschuid …" ist ominös die Rede und vom behaglichen Kitzel, im Morgenradio von der neuerlichen beunruhigenden Fahndung nach einem verschwundenen Mädchen zu hören, während er selbst „solid in kafee bei an gschredegtn" sitzt. Das makabre ineinandergeschachtelte Gefühlsbündel von Spießigkeit und Anarchie, Wohnküchengemütlichkeit und latentem Sadismus wird selbstgenüßlich ausgekostet und mit klischeehaft aggressivem Sprachmaterial gefüllt:

„doch heite bleibt heit
und do gibts kan bardaun:
a keazzn a frau und a messa!"

Kerze, Frau und Messer: Zeremonie, Sexualität und Gewalt – Spuren gesunkenen kulturellen Unguts im Sozialbau des XII. Bezirks? Blaubart, Gilles de Rais und de Sade sind in kleinbürgerliche Verhältnisse geraten und dadurch nur um so bedrohlicher geworden. Nicht im Chateau, im elitären Salon oder Boudoir finden die grausamen Exzesse statt, sondern im Gemeindebau; nicht ein exzentrischer Tyrann ist der hochmütige Exekutor, sondern Tür an Tür, der Nachbar, oder, zumindest in Gedanken, vielleicht jeder Mann? Blaubart als extremer Einzelfall offenbart eine Seite seiner sozialen Physiognomie. Blaubart als Massenphänomen ist die andere, genauso gewichtige Seite. Leitfigur *und* Herde, Projektion und Alltagswerkelei zusammen erst ergeben jene tödliche Brisanz, die aus Unterdrückung Faschismus werden läßt. In der Blaubart-Geschichte liegt etwas von diesem Potential begraben. Dies macht offensichtlich ihre Attraktivität für die Moderne aus.

„Der Mörder und andere Leut'"

Mit *Der Mörder und andere Leut'* (1975) ist eine Satirensammlung Helmut Qualtingers überschrieben, und gleich der erste Text gibt Einblick in das Innenleben des von Artmann entdeckten Typus. Vor dem Mörder liegt, nach dreißigjähriger Ehe, die Ehefrau, mit dem Fleischklopfer erschlagen. Drei Jahrzehnte Ehealltag ziehen im Zeitraffer vorüber. Substanzielle Gründe für die Ermordung finden sich ebensowenig wie bei Blaubart, es sei denn, man rechnete die Misere der Alltagsbanalität dazu: Tortenschlachten, Fernsehstunde, Geschnarche im Bett. Der Mörder:

„Glaub mir, deswegen hab ich dich nicht getötet ... Ich bin nämlich kein Mörder ... Und du wirst aus mir keinen machen ... [...] Mörder sind viel berühmter ..."

und:

„Ich weiß schon, was ich trag – bei der Verhandlung [...] Dunkler Anzug – einfarbige Krawatte ... Und ich weiß auch schon, wie ich schaun werd (Er schaut feierlich) ..."

Der Mord als Möglichkeit, sich mit einer Aura der Bedeutsamkeit auszustatten, scheint, halbausgesprochen, als zentrales Motiv durch, suggestiv eingebettet in eine verkitschte Gefühlslandschaft aus Größenwahn und Nostalgie. „– Auf dem Hochzeitsbild kurz nach dem Weltenringen [!], nach dem Völkermord...", sinniert der Täter, sucht nach Splittern von Bedeutung und findet Kleinkram: Herzerl, Busserl, Vorverkaufsschein, Christbaum, Wüstenrot und Osterhasi. Doch mit alldem sei nun Schluß, so versichert er sich im Moment der Verhaftung, denn:

„Jetzt fang ich wieder zum Leben an."

Männliche Wiederauferstehungswünsche als Hintergrund für die Hinrichtung der Ehefrau, als eine Art Allegorie der Kleinbürgerlichkeit? Ein Vampirismus, der aus dem Blut der Frau Lebendigkeit (zurück-)zugewinnen sucht. Möglicherweise eine überzogene Deutung, was diesen Text Qualtingers betrifft. Und doch eine Denkspur, die fast alle anderen Blaubart-Figuren, abgebrochenen Möchtegern-„Blaubärtchen" und deren Exegeten aneinanderbindet. Selbstredend bedarf es nicht immer der kruden, blutigen Variante, wenn es um diesen tödlichen Belebungsprozeß zu tun ist. Die späteren und reflektierteren Wiedergänger im Geist Blaubarts suchen den symbolischen Akt, der das Gemeinte nur repräsentiert, was freilich im Fall des Sprach- und Literaturmystikers George Steiner letzten Endes auf ein- und dasselbe hinausläuft. In seiner Theologie der Realpräsenz sind Haut und Text identisch. Der literarische Text wird damit zum „opus metaphysicum", seine Lektüre zur permanenten mentalen Eucharistiefeier, in der das Brot der Textzeichen anamnetisch in den Leib der Erkenntnis überführt wird. Frauen haben bei diesem spirituellen Zeugungsakt, so der hochkultivierte Herrenreiter der Philologie, naturgemäß wenig zu suchen, vor allem aufgrund der „biologischen Tatsache [ihrer] Fruchtbarkeit" als der Fähigkeit, „gestalthaftes Leben hervorzubringen", was dann für diese Frau so „primordial für das Dasein [sei]", „daß es die Zeugung von fiktiven Figuren, um die es in [Literatur] geht, (...) vergleichsweise blaß erscheinen läßt". Da nimmt es kaum Wunder, daß zugleich an zentraler Stelle des Essays *Von realer Gegenwart* (1991) auch die uralte Gleichung, wonach männlich = göttlich = schöpferisch synonym zu lesen sind, wiederholt wird. In grotesker Naivität oder als pure Provokation kommen so die Definitionen von „Frau" (einzig durch ihre biologische Gebärfähigkeit) und „Mann" (durch seine intellektuelle Schöpferkraft) in windschiefer Symmetrie nebeneinander zu stehen. Erstaunlich ist nicht so sehr diese krude Denkfigur an sich, als das offensichtliche Bedürfnis der Gegenwart nach ihr – kaum ein Feuilleton, das die Tiefe dieser Weisheiten nicht gebührend zu würdigen gewußt hätte, insonderheit in Kopplung mit Botho Strauß' erhellenden Zusatzbemerkungen „zu einer Ästhetik der Anwesenheit [des Mannes]", bei der erwartungsgemäß Kierkegaard und Heidegger Pate stehen. Die Rede vom großen „Opfer" figuriert hierbei als ominöse Bezugsgröße, doch nach den Fragen, „wofür?" und „wer?" dazu ausersehen ist, dies Opfer zu bringen, wird man vergeblich suchen.

Auf diesem brisanten Hintergrund von Zeugung, Schwangerschaft und Geburt als weiblich-biologischen bzw. männlich-intellektuellen Daseinsweisen kommt der Blaubart-Figur eine besondere Rolle zu. Es ist daran zu erinnern, daß diese Figur von Beginn an besonders rabiat gegen sich anbahnende Schwangerschaften seiner Ehefrauen reagiert hatte. Nun zeigt sich weshalb: Nach Steiners Logik handelt es sich dabei um einen symbolischen Reinigungsakt, bei dem durch Menschenopfer das Tor zu einer reinen Erkenntnis wieder aufgestoßen wird. Als Paradigma dieses Prozesses, zum Gralstempel dieses Kulturkreuzzugs wider alles Sekundäre wählt er folgerichtig „Blaubarts Burg". Mit *In Blaubarts Burg,* so der Titel seines Essays über das 19. Jahrhundert, bezieht Steiner sich explizit auf Bartóks Oper. Der sensible Kulturanalytiker registriert dort den „vibrierenden Orchesterbogen gegen Ende der Oper, der versuchend einsteigt und gleich danach abfällt", und kommentiert atemlos:

„Es ist, als stünden wir angesichts einer Kulturtheorie nicht anders da als Bartóks Judith, wenn sie die Öffnung des letzten Tores der Nacht verlangt."

Es geht, so Steiner, um Größeres, Allgemeineres, es geht um erkenntnistheoretische Akte, um „Fallstudien", es geht um Kultur:

„Wir werden auch noch das letzte Tor der Burg öffnen, und sollte es auch zu Wirklichkeiten führen (...), welche außerhalb allen menschlichen Verständnisses und aller Menschen Kontrolle liegen. Und wir werden es tun in jener hoffnungslosen Klarsicht, die auf so wunderbare Weise in Bartóks Musik zum Ausdruck kommt, und weil das Aufstoßen von Toren zu den tragischen Verdiensten unserer Identität gehört."

Das wohlzelebrierte Schlachtfest der Frauen gibt sich hier als Chiffre für den gesamten Kulturbetrieb der Moderne, entblößt in beklemmender Selbstenthüllung den Kern des phallokratischen Systems als destruktiv, unmenschlich und unkontrollierbar. Und es ist schon aufschlußreich, daß einer der Repräsentanten dieses Systems solche Aussagen gerade mit Blick auf die Folterkeller von Blaubarts Burg tut. Es ist, als wolle er Ingeborg Bachmanns präfeministische These bestätigen, wonach das patriarchale Denken sich als Systemdenken verkörpert, innerhalb dessen die Wissenschaft Modell einer Lebensform ist, die exemplarisch am Individuum vorbeizielt oder es wie eine Waffe durchdringt. Da nimmt es nicht weiter wunder, daß der Professor noch 1972 Sätze kreiert und imaginiert wie: „In ihrer größten Mehrheit sind die menschlichen Lebensläufe nichts als ein Übergang vom Zucken domestizierten Beischlafs zur Vergessenheit." Daß in diesen dubiosen Gedankensplitterhalden dann odiose Schatten- und Spukfiguren wie Blaubart geistern, ist fast zwingend – als Pate der Verwandlung von erotischer Lust (zum Beispiel des Don Juan) in todbringende Aggressivität und als Kron-

zeuge und Chefideologe einer Haltung, die all dies durch den Anspruch auf Wissenschaftlichkeit und Erkenntnisdrang faustisch zu
verklären versucht. Faust und Blaubart als Leitfiguren eurozentri-
stischen Wissenschaftsverständnisses? Gar nicht so unzutreffend,
denkt man an die Spezies erfolgreicher Kultursystematiker und deren Nominierungs- und Leistungswahnverhalten auf dem Hintergrund eines selbstentworfenen Elite-, Selektions- und Evaluations-
denkens, das derzeit wieder gesteigert reüssiert...

„Soll man Blaubart verbrennen?"

„Soll man Blaubart verbrennen?", wie Simone de Beauvoir dies für
de Sade diskutiert? Oder wird es nur zu einem „Freispruch mangels
Beweis" ausreichen wie in Max Frischs Erzählung *Blaubart*? Soll
man ihn mit dem Schwert niederstrecken wie die rettenden Brüder
es im Märchen im allerletzten Augenblick zu tun pflegen; soll man
ihn einfach laufen- oder stehenlassen wie Strucks Heldin sich vor-
nimmt, es zu tun; oder soll man ihn, wie in Elke Heidenreichs Geschichte *Blaubart und ich* durch eine achtzehn Jahre währende gute
Musterehe strafen?

Die gesellschaftliche Auseinandersetzung mit dem Phänomen
Blaubart ist uneinheitlich, schwankt zwischen Verdammung und
Verklärung, zwischen Ächtung und – Verständnis. Ein halbherziger
„Freispruch mangels Beweis" ist der wohl wahrscheinlichste Aus-
gang des Verfahrens. Max Frischs Erzählung *Blaubart* (1981/82)
beschreibt ein solches Verfahren. Vor Gericht steht Herr Doktor
Schaad. Vierundfünfzig. Er hat kein Alibi für die Zeit des Mordes
an Rosalinde Z., seiner Ex-Gattin, die bis zu ihrem gewaltsamen
Tod als Prostituierte arbeitete. Im Zuge des Verfahrens werden die
Stadien dieser von Beginn an „verfehlten Ehe" aufgerollt, um die
Hintergründe dieses „Beziehungsdelikts" zu erhellen. Die minu-
tiöse Recherche, die Auflistung und Interpretation der Indizien, die
Befragungen der Zeuginnen, hauptsächlich anderer, früherer
Frauen Schaads – all dies will nicht so recht weiterführen:

„Wenn Gattinnen einvernommen wurden, ist die Tribüne voll; auch für Studenten ist die Ehe, so scheint es, immer noch ein Problem."

Erinnerungen an Eifersuchtsszenen, tätliche Bedrohungen, wechselseitige Schuldzuweisungen, Untreue und diverse Exzesse führen in der Sache nicht weiter. Ebensowenig wie gerichtsmedizinische und psychiatrische Gutachten. Dieser Blaubart läßt sich so wenig auf eindeutige Gefühle wie auf monströse Exzesse festlegen. Alles ist banaler und komplizierter zugleich. Die Videoübertragung des Geschlechtsverkehrs mit anderen Männern (angeblich auf Wunsch der Frau) ist dem Ex-Ehemann (seinen Aussagen nach) reine Therapie:

„... daß ich auf dem Schirm sehe, wie sie es mit anderen Männern macht, und zwar in diesem Augenblick, wenn ich es sehe. [...] Um mich frei zu machen. Es war eine wichtige Erfahrung. Ich habe damals drei Kunden gesehen, es war natürlich jedes Mal verschieden, aber so verschieden auch wieder nicht."

Ob dieser fast zynische Versuch, den „persönlichen Bezirk" der Erotik durch seine mediale Vervielfältigung und Reproduktion zu entpersönlichen, glaubhafter ist als der Versuch, einen „krankhaften Grad" an Eifersucht nachzuweisen, muß ungeklärt bleiben. Ob monströser Einzel- oder banaler Durchschnittsfall, noch nicht einmal dies ist eindeutig bestimmbar, was die Presse nicht daran hindert, das diffuse Phänomen mittels des altvertrauten Standardschemas zu fassen: „RITTER BLAUBART VOR GERICHT. DOKTOR MIT SIEBEN EHEN" lautet die Schlagzeile, unter der der Fall eingeordnet wird.

Selbst ehemalige Frauen verwenden bevorzugt Elemente der Blaubart-Geschichte, um ihre Eheerfahrungen mit dem Angeklagten zu konkretisieren. Das grobe Raster des uralten Märchens scheint noch immer geeignet, die sehr gegenwärtige und persönliche Wahrnehmung zu beschreiben. Doch Dr. Schaad fällt aus diesem Raster. Sein Freispruch ist logische Konsequenz. Sein Geständnis ebenso. Was sich wirklich unter dem Blaubart-Raster versteckt, ist nicht in Erfahrung zu bringen. Noch nicht einmal die Vernehmung des stets nur in verschiedenen Masken lächelnden Opfers vermag Klärung zu bringen. Der Versuch der Wahrheitsfindung scheitert, und der (vermutliche) Täter und sein Opfer werden zu Kumpanen der Verschleierung. Aus dem kalten Serientäter ist ein armes Schwein im feinen Tuch geworden. Auch widmet sich dieser Freund der Frauen eher virtuellen Formen des Erotischen, wobei das Videogerät ebenso zum stimulierenden Rüstzeug gehört wie groteske Massenvergewaltigungsphantasien. Sexuelle Impotenz und weinerliche Gewalttätigkeit, latentes Muttertrauma und quälende Alpträume – Blaubart ist vom Sammler zum Objekt geworden, und selbst nach dem Freispruch holt ihn der Fluch der Frauen ein; sein „Geständnis" wird als Fälschung, als fingierte Selbstanklage entlarvt (oder nur wahrgenommen): unfähig selbst zum Verbrechen. Frischs Don Juan war immerhin noch seine Geometrie als Refugium geblieben, seinem Blaubart bleibt nicht einmal ein starker Abgang, sondern allenfalls eine nichtssagende Diagnose: „Was mit Bestimmtheit gesagt werden kann, es handelt sich um ein Beziehungsdelikt." Der Mythos ist nur mehr in seiner Schrumpfform erkennbar, und die Impotenz ist eine umfassende.

Frischs Blaubart-Bild zitiert alle Klischees und vermeidet doch jede Eindeutigkeit. Das u. a. von Karin Struck dem Autor emblematisch zugeordnete Motiv des serienweise Abtreibungen veranlassenden Zerstörers wird sorgfältig vermieden. Und ganz im Gegensatz zu seiner zeitweiligen Lebenspartnerin Ingeborg Bachmann vermeidet Frisch es auch, die Täter-Opfer-Frage einer ernsthaften Klärung zuzuführen. Im Gegenteil, das inquisitorische Verhör der Lebenden und der Toten soll die Sinnlosigkeit jeder Wahrheitssuche beweisen. Im Labyrinth von Frage und Antwort wird allenfalls die Fragwürdigkeit jeder Antwort vorgeführt. Wenn sogar die Selbstbezichtigung zum Unsicherheitsfaktor wird, erübrigt sich ein Prozeß um Schuld und Sühne.

Nein, Blaubärte haben in der Moderne nichts zu befürchten. In manchen Fällen reicht es noch nicht einmal zur Anklage, oft kaum zum vagen Verdachtsmoment. Autorinnen und Autoren paktieren dabei ebenso miteinander, wie die Ehefrauen dies mit ihrem Blaubart tun. Die Täter-Opfer-Schablone wird zur Optik einer verkehrten Welt – selbst Bachmann spielt das literarische Spiel mit und erprobt in *Ein Schritt nach Gomorrha* (1961) den Entwurf eines weiblichen Blaubart, der das Schema von weiblichem Opfer und männlichem Täter ad absurdum führt. Charlotte agiert hier als Blaubart-Variante, und die sensible, offene, lebende Mara umwirbt sie in der Art einer Judith, einer Ariane. Diese lesbische Variante der Unterdrückung freilich schreibt die alten Verhaltens- und Rollenklischees nahezu unverändert fort. Blaubärtin Charlotte überlegt:

„Mara würde sie sich unterwerfen können, sie lenken und schieben können. Sie würde jemand haben, der zitterte vor ihrem Konzert, [...] jemand, dem es nur wichtig war, teilzunehmen an ihrem Leben, und für den sie das Maß aller Dinge war, jemand, dem es wichtiger war, ihre Wäsche in Ordnung zu halten, ihr das Bett aufzuschlagen, als einen anderen Ehrgeiz zu befriedigen – jemand vor allem, dem es wichtiger war, mit ihren Gedanken zu denken, als einen eigenen Gedanken zu haben.

Und sie meinte plötzlich zu wissen, was sie all die Jahre vermißt und heimlich gesucht hatte: das langhaarige, schwache Geschöpf, auf das man sich stützen konnte, das immer seine Schulter herhalten würde, wenn man sich trostlos oder erschöpft oder selbstherrlich fühlte, das man rufen und wegschicken konnte und um das man sich, der Gerechtigkeit halber, sorgen mußte, sich bangte und dem man zürnen konnte. [...]

Der Hochmut, auf ihrem eigenen Unglück, auf ihrer eigenen Einsamkeit zu bestehen, war immer in ihr gewesen, aber erst jetzt traute er sich hervor, er blühte, wucherte, zog die Hecke über sie. Sie war unerlösbar, und keiner sollte sich anmaßen, sie zu erlösen.“

Erst am Ende der Geschichte wird die Bedeutung dieses Experiments als Suche nach einem neuen Weg sichtbar, mit der Blaubart-Konstellation umzugehen. Erlösungsbedürftigkeit und Erlösungsverweigerung werden als substantiell zusammengehörig begreifbar. Die Erlöste fürchtet den Verlust ihrer Autonomie so sehr, wie Blaubart dies getan haben mag. Waren jedoch Innenansichten in die Gedanken und Empfindungen ihres männlichen Vorbilds weitgehend tabu, so bietet sich nun eine Innenschau bis in feinste Verästelungen verborgener Motivationen. Alles zum Ausdruck kommende Machtstreben begreift sich dabei als Reaktion auf siebenfach erfahrene Unterdrückung und als Aufbruch in eine andere Lebens- und Liebesform:

„Das Reich erhoffen. Nicht das Reich der Männer und nicht das der Weiber. Nicht dies, nicht jenes.

[...] Sie sah nicht Mara und das Zimmer, in dem sie war, sondern ihr letztes geheimes Zimmer, das sie jetzt für immer abschließen mußte. In diesem Zimmer wehte es, das Lilienbanner, da waren die Wände weiß, und aufgepflanzt war dieses Banner. Tot war der Mann Franz und tot der Mann Milan, tot ein Luis, tot alle sieben, die sie über sich atmen gespürt hatte. Sie hatten ausgeatmet, die ihre Lippen gesucht hatten und in ihren Körper eingezogen waren. Tot waren sie, und alle geschenkten Blumen raschelten dürr in den gefalteten Händen; sie waren zurückgegeben. Mara würde nicht erfahren, nie erfahren dürfen, was ein Zimmer mit Toten war und unter welchem Zeichen sie getötet worden waren. In diesem Zimmer ging sie allein um, geisterte um ihre Geister. Sie liebte ihre Toten und kam sie heimlich wiedersehen. Im Gebälk knisterte es, die Zimmerdecke drohte einzustürzen im heulenden Morgenwind, der das Dach zerzauste. Den Schlüssel zu dem Zimmer, das wußte sie noch, trug sie unter dem Hemd ... Sie träumte, aber sie schlief noch nicht. Nie sollte Mara fragen dürfen danach, oder auch sie würde unter den Toten sein. –

Ich bin tot, sagte Mara. Ich kann nicht mehr. Tot, so tot bin ich.

–

Sie möchten längst, daß ich gehe, klagte Mara.

Nein, sagte Charlotte heiser. Bleib. Trink mit mir. Ich komme vor Durst um. Bleib doch.

Nein, nicht mehr, sagte Mara. Ich kann nicht mehr trinken, nicht mehr gehen, stehen. Tot bin ich. –"

Doch Aufbruch und Abgesang fallen auch hier in eins zusammen. Statt eines dritten Weges, jenseits des „Reiches der Männer" und des „Reiches der Weiber", erreichen Charlotte und Mara nur ein Totenreich der Liebe. Ein männlicher Blaubart vermag das Schema der eigenen Verlebendigung durch die Opferung des Partners möglicherweise erfolgreich anzuwenden – Bachmanns Figuren zeigen, daß das entsprechende Vorgehen für Frauen tödlich endet. Die Übernahme der Methoden der erotischen Kolonisatoren führt hier zur Selbst-Zerstörung. Auf jeden Fall führt sie zu einer massiven Infragestellung einer Selbstsicherheit und -gewißheit, die sonst zu den Spezifika der Blaubart-Figur gehört. In Margaret Atwoods Short story *Blaubarts Ei* (1987), die eine Variante des Märchenstoffes aufgreift, ist dies der Fall. Anfangs dominiert Sally ihren als naiv, gesund, energisch und monumental dumm eingeschätzten Mann Ed nach Belieben. Im Verlauf der Geschichte, und nachdem sie sich mit dem Blaubartmythos vertraut gemacht hat, in seinen Wahrnehmungsmustern zu denken lernt, gerät diese Gewißheit aus den Fugen. Ungelöste Fragen tauchen auf, und unbekannte, bedrohliche Muster scheinen im Ei Blaubarts zu lauern und ausgebrütet zu werden. Und selbst in Ed scheint ein anderes, grausames Wesen zu lauern. Erst noch harmlos:

„Ed ist nicht der Ritter Blaubart: Ed ist das Ei. Ed Ei, blank und unverdorben und schön. Und auch dumm. Wahrscheinlich gekocht. Sally lächelt liebevoll."

Dann, nach einer erotischen Episode, die sie an ihm beobachtet zu haben glaubt, weniger harmlos:

„Oder aber es könnte etwas Bedrohlicheres bedeuten: eine Vertrautheit zwischen ihnen, Verständnis. Wenn das so wäre, hat sich Sally, was Ed angeht, getäuscht, jahrelang, auf ewig. Ihre Version von Ed ist nicht etwas, das sie erkannt hat, sondern etwas, das ihr von ihm aufgezwungen wurde, von Ed selbst, und aus Gründen, die nur ihm bekannt sind.

Vielleicht ist Ed gar nicht dumm. Vielleicht ist er ungeheuer klug. Sie ruft sich einen Augenblick nach dem anderen ins Gedächtnis, in denen sich seine Schläue, seine Verschlagenheit zeigen mußten, falls sie existiert hätten, was aber nicht geschehen ist. Sie hat ihn genau beobachtet. Sie erinnert sich daran, mit den Kindern, Eds Kindern, vor Jahren Mikado gespielt zu haben: Wie sich, sobald man ein Stäbchen im Haufen bewegte, wenn auch nur ganz leicht, alle anderen mitbewegten.

Sie wird nichts zu ihm sagen. Sie kann nichts sagen: Sie kann es sich nicht leisten, unrecht zu haben, und auch nicht, recht zu haben. Sie kehrt in die Küche zurück und fängt damit an, die Teller abzukratzen.

[...]

Sally liegt im Bett und hat die Augen zu. Sie sieht ihr eigenes Herz, in Schwarzweiß, mit diesem unwirklichen mottenartigen Flattern, ein gespenstisches Herz, aus ihrer Brust gerissen und frei im Raum schwebend, ein lebendiger Valentinsgruß ohne irgendwelche Farbe. Es wird immer und ewig so weiterschlagen, das alles liegt außerhalb ihrer Macht. Aber jetzt sieht sie das Ei, das nicht klein und kalt und weiß und träge ist, sondern größer als ein richtiges Ei [...], mit einem sanften Glühen, als enthielte es irgend etwas Rotes und Heißes. Es pulsiert fast, Sally hat Angst vor ihm. Während sie hinsieht, wird es dunkler: rosenrot, blutrot. Das hat das Märchen ausgelassen, denkt Sally: Das Ei ist lebendig, und eines Tages wird etwas herausschlüpfen aus ihm. Aber was?"

Die ruhige, ironische Beziehungsgewißheit ist zerstört, nachdem das Blaubart-Virus in Sallys Bewußtsein eingedrungen ist. Der Text, der Mythos wird zum Movens einer umfassenden Wahrnehmungskrise. Erkrankungen am Blaubart-Virus enden für Frauen immer tödlich. Das mentale Immunsystem kollabiert, die Abwehrkräfte der Opfer werden substantiell geschwächt. Gerade die Blaubart-Texte der Moderne zeigen das Siechtum, die Auslöschung der Frauenfiguren mit besonderer Deutlichkeit. Don Juan, so scheint es, kann abgeurteilt und bestraft werden. Blaubart nicht. Er ist die Strafe. Gestraft wird eine Mitschuld. Don Juan, das ist der Überfall, die spontane Verführung, getragen von der Illusion der Folgenlosigkeit. Blaubart aber repräsentiert das Gesetz, den Vertrag, die Institution. Mit ihm bekommt man es nur zu tun, wenn man sich auf ihn willentlich einläßt. Aus irgendeinem Grund: sei es aus Hochmut, Gier, Bestechlichkeit oder Torheit, sei es aus Verblendung, arrogantem Idealismus oder Berechnung. Die niedlichen Geschichten vom „Blaubärtchen" sind durchschaubare Versuche, die tödliche Gefährdung komisch zu bannen. Dahinter steht noch immer das grausame Märchen, das blutige Puppenspiel.

Der Terror im Puppenheim aber verliert nichts von seinem Schrecken, nur weil man ihn zu schrumpfen versucht. Im Gegenteil: Der bösartige kleine Märchengnom springt blutdürstig aus seiner

Puppenkiste und wird zum veritablen Monstrum. Bücherwände feministischer Legitimationsdiskurse scheinen dann zu Makulatur zu werden. Es ist ein fast anrührendes Schauspiel, selbst junge Studentinnen in den 90er Jahren dieses Jahrhunderts sich in Seminaren immer wieder damit abquälen zu sehen – reflexartig –, nach Verständigungsmöglichkeiten und Verständnis für Blaubart zu suchen. Nicht ein „j'accuse" bestimmt die Diskussionen, sondern, George Steiner würde es erfreut goutieren, der Ruf nach „Gerechtigkeit für Blaubart". Gleichzeitig verwandeln Frauengruppen sich in rivalisierende Grüppchen, deren jede *ihre* Erklärung und Rechtfertigung für den Gescholtenen sucht und gleichzeitig nach der Mitschuld oder Schuld der Frauen fahndet. Niemals hätte man, so das häufige Argument, die letzte Türe öffnen sollen. Datenschutz für einen Massenmörder. Zur Panik besteht für ihn gegenwärtig kein Anlaß.

Georg Trakls „Puppenspiel" *Blaubart* (1910) ist ein solch monströses Kasperltheater des Extremismus im Binnenraum der christlichen Ehe. Draußen, halbherzig lamentierend und subkutan lustvoll partizipierend das Volk. Drinnen Elisabeth und die blanke, poetisch und sakral überhitzte Wahn-Sinnlichkeit. Berauscht von Eros, Minne, Blut und Wein bietet sie sich zum Opfer an; das Ritual von Übertretung und Bestrafung scheint irrelevant geworden. Die Frau bietet selbsttätig ihre Tötung an:

> „ELISABETH
>
> … Nimm alles, alles, was ich bin –
> Du Starker – mein Leben – du nimm hin!
> [...]
>
> BLAUBART
>
> Ist erst erloschen der letzte Stern –
>
> ELISABETH
>
> Trägst du nicht am Hals ein Schlüsselein?
> Es leuchtet – möcht's ein goldenes sein?
> Was öffnet's mir?
>
> BLAUBART
>
> Es öffnet zum Brautgemach die Tür!
> Sein Geheimnis ist Verwesung und Tod,
> Erblüht aus des Fleisches tiefster Not …"

Erst jetzt – und wie stets in dieser Geschichte zu spät – versucht Elisabeth, sich Blaubarts Liebesbezeugungen zu erwehren. Nun erst begreift sie, daß die Begriffe „Lust" und „lieb" für ihn Synonym für „Tod", „Haß", „Blut" sind und daß seine erotische Kraft sich als Vernichtung und Gewalt darstellt; Blaubarts Liebespoesie verwandelt sich in einen Vernichtungschoral. Gegenstand des Vernichtungsaktes ist die Weiblichkeit der Braut. Es geht nicht um den Mord an einer Frau, sondern um das Zerstören und Vereinnahmen ihrer Weiblichkeit:

> „Doch soll ich Kindlein ganz besitzen –
> Muß ich, Gott will's, den Hals dir schlitzen!
> Du Taube, und trinken dein Blut so rot
> Und deinen zuckenden, schäumenden Tod!
> Und saugen aus deinem Eingeweid
> Deine Scham und deine Jungfräulichkeit."

Unter den Vorzeichen einer parareligiösen Ekstase wird der Orgasmus paradoxerweise zur entsexualisierenden Totaloperation. Nicht um (wie bei Don Juan) die unendliche Manifestation männlicher Potenz ist es Blaubart zu tun, sondern um einen Omnipotenzbeweis, der die Liquidierung des weiblichen Genitals zum Ziel hat: Der Geschlechtsverkehr wird zum anthropophagischen Akt der Opferung. Kein metaphorisches „Aushöhlen", sondern ein faktisches, körperliches Ausweiden findet statt.

Wir berühren hier die wohl dunkelste Seite des Blaubart-Mythos. Seine atavistische, auf Opferung zielende Urschicht. Die Frauen erscheinen dabei als Materiallager für affektische Organtransplantationen; nach dem Genuß des Genitals geht deren ursprüngliche Vitalität auf den mit dem Habitus des Sakralen auftretenden Hohepriester der erotischen Opferung über. Am Ende psalmodiert der Sinnestrunkene und Erregte wie „trunken außer sich", über der Leiche der eben Ermordeten, schwärmerisch sein makabres Mysterium todessüchtigen Erotismus. Ein peinlicher, auch peinigender Text, der viel von den sexuellen und existentiellen Qualen seines Autors preisgibt, trotz der märchenartigen Verkleidung. Blaubart bluttriefend und beseligt: ein wahnwitziges Szenarium, das Sexualakt und Tötungsakt in „eins" setzt, was, in Blaubarts Serienprinzip weitergedacht, in der Konsequenz die sukzessive Liquidierung der Frauen durch erotische Zuwendung zur Folge hätte.

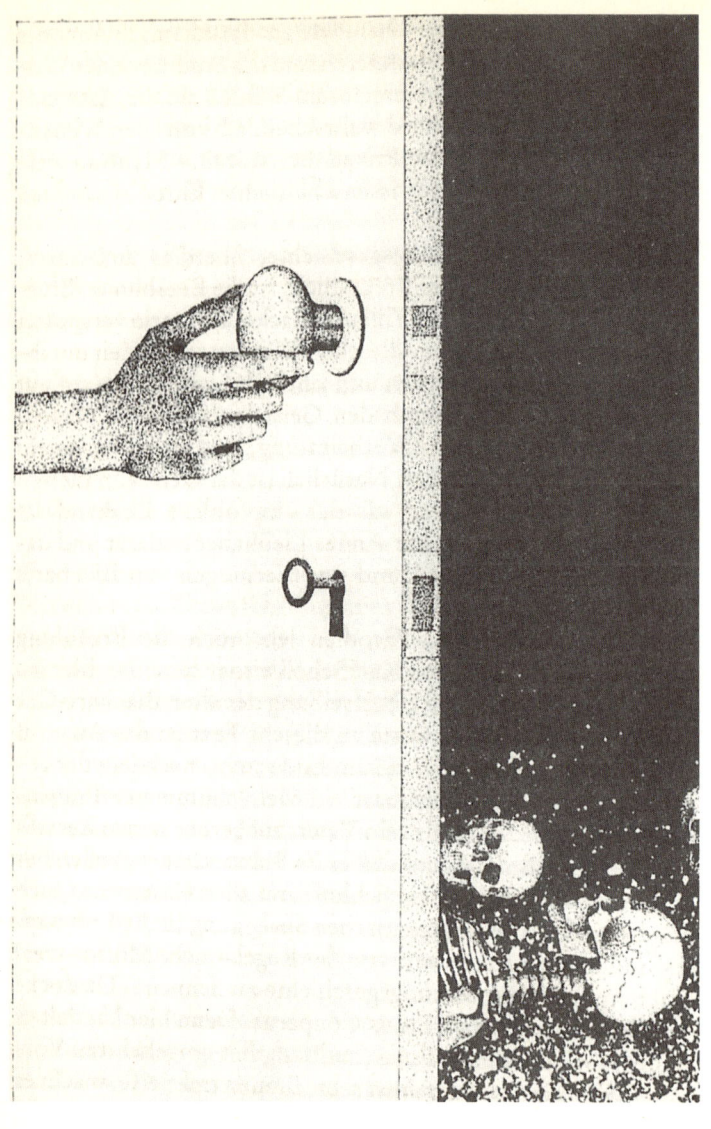

Vorsichtig öffnen. Und sacht wieder verschließen. Die Tür, hinter der das Grauen ist.

Der Mythos hilft offensichtlich noch im Kontext der Moderne, sehr persönliche und problematische Fragestellungen in eine – zumindest fragmentarische – Form zu bringen. Zwischen „Puppen-" und „Mysterienspiel", zwischen verharmlosender Verkleinerung und erschreckender Vergrößerung bewegt sich die expressionistische Alptraumszenarie des Traklschen Versuchs. Surrealistisch anmutende Modellierungen substanzieller, existentieller Erfahrungen, die Trakl in einem Brief vom 5.10.1908 folgendermaßen beschreibt:

„Ich glaube, es müßte furchtbar sein, immer so zu leben, im Vollgefühl all der animalischen Triebe, die das Leben durch die Zeiten wälzen. Ich habe die fürchterlichsten Möglichkeiten in mir gefühlt, gerochen, getastet und im Blute die Dämonen heulen hören, die tausend Teufel mit ihren Stacheln, die das Fleisch wahnsinnig machen. Welch entsetzlicher Alp!

Vorbei! Heute ist diese Vision der Wirklichkeit wieder in Nichts versunken, ferne sind mir die Dinge, ferner noch ihre Stimme und ich lausche, ganz beseeltes Ohr, wieder auf die Melodien, die in mir sind, und mein beschwingtes Auge träumt wieder seine Bilder, die schöner sind als alle Wirklichkeit! Ich bin bei mir, bin meine Welt! Meine ganze, schöne Welt, voll unendlichen Wohllauts."

Der Evokation des als „animalisch" beschriebenen Triebpotentials, dem flammenden Inferno eines erotischen Alptraums, folgt beseeligte Stille, Harmonie, Wohllaut, sobald das selbstquälerische männliche Ich sich wieder in die Autonomie seines Daseins zurückgezogen hat. Eine entsprechende Grundsituation findet sich in Trakls Dramenfragment *Don Juans Tod* dargestellt; Juans Monolog vor der Leiche der toten Donna Anna enthält alle Elemente, die aus dem Blaubart-Szenarium bekannt sind, und auch hier figuriert die *getötete* Frau in dem Maß als Sedativum, wie sie als *lebendes* Wesen Bedrohung war:

„Don Juan

Weg, schreckliches Gesicht!
Was scheuchst du mich von meinem Lager auf
Da dieser Stunde tiefster Wonneschauer
Mir noch im Blute bebt und mich erfüllt
Mit übermenschlichen Gesichten. Weg, weg!
Du Fratze, die ein geiler Schreck gebar,
Mich ekelt, sehe ich dich an – ich möcht'
Es nicht und muß. So fass' ich dich verfluchtes
Gebilde du Auswurf meiner heißen Sinne

> Erwürge dich mit diesen Händen, versenge
> Mit meines Atems Glut, dich, Tiergesicht!
> [...]
> ... Weg Wesenloses!
> Noch widertönt mein Blut von dieser Welt
> Die Erde hält mich und ich lache dein.«

Dem von posthumer Abscheu getönten Requiem für eine Ermordete folgt auch hier – ganz wie im autobiographischen Dokument – die fast lyrisch getönte Beruhigung der beglückenden Verschmelzung mit sich selbst. Die Tötung und Überwindung der Frau wird zum Initiationsakt der Ichfindung. Nicht, mit Kokoschka, vom „Mörder [als] Hoffnung der Frauen" wäre hier zu sprechen, sondern vom Mord an den Frauen als Hoffnung des Mannes. Der, gerettet, auf diesem Wege, nur auf diesem Wege zurückfindet zur Welt und zu sich:

> „*(Er taumelt ans Fenster, und stößt es auf)*
>
> Hier öffne ich dem Leben weit die Pforten,
> Und tönend braut's herein, mich zu umfassen,
> Mit seinen Schwingen hüllt's mich ein – und ich –
> Bin sein!
> Und atme ein die Welt, bin wieder Welt
> Bin Wohllaut, farbenheißer Abglanz – bin
> Unendliche Bewegung – bin."

Trotz mancher Gegensätze scheint eine unterbewußte Verbindung zwischen beiden fast zeitgleich entstandenen Stücken zu bestehen, denn die Tötung der Frau dient in beiden Fällen der Abwehr von Urängsten, und sie mündet in einen beglückenden Moment der ästhetischen Selbstfindung.

„Mörder, Hoffnung der Frauen"?

Zwar ist in Kokoschkas *Schauspiel* (1907/1910) die Demonstration der Unversöhnlichkeit von Liebe und Leben von beiden Seiten – Mann wie Frau – getragen; doch am Ende dieses Kampfes auf Leben und Tod präsentiert sich auch hier „DER MANN": Wie die soldatische Variante zum Blaubart wird er schließlich den Käfig sprengen, und während „DIE FRAU" sich „starr aufbäumend" in

Krämpfen verendet, als Sieger dem Gefängnis entsteigen und durch Feuer, Mord und Chaos einsam dem Morgenrot „entgegeneilen". Zurück bleiben Zerbrochene, deren blutiger Aufstand gegen seinen Terror in sich selbst zusammenbricht; die Hoffnung der Frau erweist sich als vergeblich, und im ritualisierten Tötungs-/Liebesduett zeigt sie sich als die hoffnungslos Unterlegene:

> „DER MANN
> … Ich fraß Dein Blut, ich
> verzehre Deinen tropfenden Leib.
>
> FRAU
> Ich will Dich nicht leben lassen,
> Du Vampyr, frißt an meinem Blut,
> Du schwächst mich, wehe Dir, ich töte Dich
> – Du fesselst mich – Dich fing ich ein – und Du
> hältst mich – laß los von mir, Blutender,
> Deine Liebe umklammert mich – […]
> – erdrosselt – los – Hilfe. Ich verlor den
> Schlüssel, der Dich festhielt."

Geschlechterkampf pur – ethische Fesseln und emotionale Schlösser sind gesprengt, im Kampf um die Macht sind alle kulturellen Sicherungen zusammengebrochen, – Landru ist zur Normalität geworden.

Blaubart als Hoffnung der Frauen ist kein Phänomen des Fin de siècle des letzten Jahrhunderts. Wenn eine Dramatikerin des Jahres 1997, Dea Loher, sich des Blaubart-Themas annimmt, scheint sich nicht nur nichts an dieser Grundstruktur weiblicher Masochismus-Fixierung verändert zu haben, im Gegenteil: die Stereotypen, Klischees und Rituale der Unterwerfung sind spürbar verhärtet. Im Zentrum steht Blaubart als Schuhverkäufer, der wie alle Blaubärte von großer heftiger Liebe schwärmt und dabei mit von der Schuhbranche her geprägten Formeln etwas über sein Innenleben zu bekunden versucht. Er ist umschwärmt von einem sich in Leidensdarstellungen, Posen und Sentimentalität ergehenden Damenensemble der verschiedensten Couleur: Die sanft verkorkste Blinde fehlt in diesem banalen Todesreigen ebensowenig wie der Typus der phantasiebegabten, abgründigen Ästhetin oder der naiven siebzehnjährigen Selbstmörderin. Die schießwütige Pistolen-Lady ist ebenso vertreten wie das Playboy-Bunny oder die egomanische Infame.

Eine fast an Schnitzler gemahnende Damengesellschaft, die eine Art soziologischen Querschnitt darstellt. Ein Totentanz der Frauen um Blaubart als goldenes Kalb? Vielleicht.

Doch im Kern sind es die zeitlosen Motivationen, Variationen dieses todbringenden Eros-Reigens, die die Dramatikerin interessieren. Frau und Tod, Femme létale und Totmacher umkreisen einander in unerklärter, immer neu behaupteter obsessiver Gebundenheit, und das Drama begnügt sich damit, diese Wiederholungs-Maschinerie, diese repetitive Magie in immer neuen Bildern sprachkarg und zugleich auf ominöse Bedeutsamkeit zielend zu reproduzieren. Zugegeben, weniger denn je ist das zeitgenössische Theater moralische Anstalt. Doch eine spezifische Perspektive darf man sich vermutlich noch immer zu Recht von ihm erwarten. Was im vorliegenden Fall auffällt, ist das Fehlen einer eigenständigen Blickrichtung. Die scheue Dea Loher scheint, und zwar, wie es aussieht, unter allgemeiner Zustimmung, den rauschhaft todessüchtigen Morden ihres Textes ebenso anheimzufallen wie die Frauen auf der Bühne. Alles, was man seit Perrault über Blaubart und seine Frauen längst weiß, wird, ohne jede Brechung, fast zwanghaft, um seiner selbst willen wiederholt, als ob es darum zu tun wäre, sich in einen naturgegebenen Ablauf widerstandslos einzugliedern. Die Dramatikerin als Blaubarts verschworene Braut, der Text als Selbstbewußtseinslöschungs-Maschine? Eine fast makabre Vorstellung, die aber doch bei jeder Theateraufführung auf eine beklemmende Art im Hier und Jetzt eines kollektiven Prozesses wiederholte Wirklichkeit wird, wann immer solch ein Szenarium hindämmernden lethargischen Serienverlöschens vorgeführt wird. Pathos und hysterische Zuckungen auf der Bühne, unbestimmbar dumpfe Hingabe im Parkett – ich bin sicher, kaum einer wüßte genau zu sagen, was der Sinn, was die Bedeutung eines derartigen Spektakels ist.

Noch einmal: Es ist mir nicht um konventionelle Sinngebung oder um die Wiederherstellung von Bedeutsamkeit von und durch Texte zu tun. Doch die pure Abwesenheit von individuellem Bewußtsein, die fast demonstrative Einswerdung von Autor, Figur, Publikum auf der Basis von indifferent oder genüßlich in Szene gesetzten Serientötungen irritiert. Zumal im Bereich von Produktionen, die an Institutionen der „Kunst" in Abgrenzung zur Trivialkultur vertrieben werden, sollte die Frage nach der mentalen, psychologischen, soziologischen, ästhetischen oder emotionalen

Wertigkeit der dargestellten Phänomene von Interesse sein. Doch möglicherweise geht diese Frage längst an einer Praxis vorbei, die es sich zur Aufgabe gemacht hat, sich in kollektive Empfindungen und Empfindungslosigkeiten hautnah und mimetisch einzupassen und so die gesellschaftliche Befindlichkeit weder zu analysieren noch zu kritisieren, weder zu verklären noch zu attackieren, sondern schlicht zu reproduzieren. In diesem Falle wäre dieses späte Paradigma der Blaubart-Aneignung auch Dokument für ein extrem hohes Potential an sozialer Indifferenz und ästhetischer Beliebigkeit der gegenwärtigen Intelligenz, zu der Theatermacher und Theaterbesucher im allgemeinen gezählt zu werden pflegen.

Indifferent gegenüber der vorgeführten Gewalt und weit davon entfernt, die stumpfe Willkürlichkeit als Gewalt zu vermitteln, vermag das Dargebotene weder Mitleid und Schrecken noch irgendwelche anderen markanten Empfindungen hervorzurufen, selbst das Außergewöhnliche regrediert zur Banalität. Blaubart verkommt, aller buchstäblichen und metaphorischen Verrenkungen zum Trotz, zum Allerwelts- und Alltagsmythos. Die Figuren werden austauschbar, die Damen Nr. 1 bis Nr. 7 ebenso wie die Herren Blaubart Nr. 1 und Nr. 2. – ununterscheidbar voneinander wie Regisseure und Autoren auf der einen und die Zuschauer auf der anderen Seite der Bühne.

Der kalifornische Psychologe Jack Block würde vermutlich von einer dominanten Manifestation des „X-Typus" sprechen und damit eine kollektive Reduktion des IE (emotional intelligence) diagnostizieren. Zu weit reichende und vor allem zu spekulative Ableitungen aus einer Blaubart-Inszenierung? Vielleicht. Und doch könnte es sein, daß sich hier in nuce ein spezifisches Verhaltensmuster artikuliert, das eine Reihe anderer symptomatischer Reaktionsblocken und Aktionslähmungen wenn nicht erklärt, so doch auf eine breitere Basis stellt: An das lustlose, aber zugleich anhaltende Interesse an Triebtätern wie Haarmann, Landru, Diesterweg ist zu denken und ebenso an die Unfähigkeit, mit sich selbst emotional umzugehen. Die Gesellschaft ist gleichsam im Begriff, sich der affektischen Indifferenz von nachweisbar Kranken anzupassen und sich deren Verhaltensschemata mimetisch zu eigen zu machen.

Die Selbstdarstellung des Triebtäters Diesterweg z.B. offenbart jedenfalls in Sprache und Grundhaltung in etwa dieselbe Beliebigkeit und Unbestimmbarkeit, die einige Blaubart-Figuren auszeichnet. Über den ersten Mord an einem Kind kann der Täter nur sehr vage Angaben machen. An ihm gleiten übliche Befragungstechniken wirkungslos ab:

„‚Verstehe ich nicht‘, sagt der Richter. ‚Ich versteh's auch nicht‘, antwortet Diesterweg."

Gelegentlich vage Metaphern („es war eine Art Ventil"), dann wieder Sicherheit suggerierende Wissenschaftssprache bestimmen den Sprachduktus der letzten Versuche, mit dem Geschehen verbal umzugehen. Von „einer banalen Reaktion auf eine Verweigerung seiner Bedürfnisse", von „Hilflosigkeit im Umgang mit puberaler Triebdynamik und Angst vor Tabuverletzung mit nachfolgenden Sanktionen" ist zum Beispiel die Rede. Und nur ganz am Rande wird das vermutlich Entscheidende zum Gegenstand der Rede: Der Bereich der Phantasien, die den Täter seit frühesten Jahren heimsuchten. Trotzdem wurde gerade über sie nie geredet, im Gegenteil, der Kranke versuchte, dieses Potential an Aggressionen und Bedürfnissen vollständig durch Wunschbilder zu überlagern und von sich fernzuhalten. Imaginative, fiktive Entlastungen können deshalb nie stattfinden – die Zeitbombe tickt weiter, es kommt zu Übergriffen auf wirkliche Lebewesen, zur Tragödie. Mag sein, daß eine dosierte Aktivierung der Phantasieebene dazu hätte beitragen können, das Schlimmste abzuwenden. Literatur und Kunst stellen solche Simulationsräume her. Das formalisierte, ritualisierte, spielerische Entdecken der potentiell perversen Verhaltenselemente in jedermann/ -frau könnte als ein Mittel zur präventiven Bändigung dieses Potentials begriffen werden, etwa in dem kompensatorischen Sinn, in dem die zitierte Briefaussage Trakls den Mechanismus der Evokation beschrieb.

Von Faszinosum des Grauenhaften zu sprechen führt also letztlich nicht weiter. Hinter dem mediokren Interesse an Extremen verbirgt sich nichts weiter als latenter Extremismus der Mediokrität: Anders wäre das anhaltende Interesse an Blaubart ebensowenig zu erklären wie dasjenige an Marquis de Sade oder Gilles de Rais. Georges Batailles Studie über die historische Figur des Kindermörders Gilles de Rais (1965) verdient in diesem Zusammenhang vor allem aufgrund seiner zugleich kritischen und mittelbar hagiographischen Vorgehensweise Beachtung. Das hagiographische Moment ist nicht nur Reflex auf die sozial herausgehobene Stellung des prominenten Kriminellen, der an der Seite Jeanne d'Arcs als Marschall von

Frankreich Ruhm als herausragender Soldat erwarb und einer der angesehensten Familien Frankreichs entstammte. Der auratische Nimbus, der mit der legendären Figur, dem, wie Bataille ihn respektvoll benennt, „Heiligen Ungeheuer", verbunden ist, hat vielmehr damit zu tun, daß hier eine Art Kunstfigur, intellektuelles Idol einer anderen Sexualität, künstlich und kunstvoll aufgebaut wird. Gilles de Rais, die intellektuelle Variante zum Blaubart-Märchen? Eine Gleichung, die, zumindest was den Aspekt der Ästhetisierung von Gewalt betrifft, aufgeht.

Bereits auf den ersten Seiten des Buches dominiert ein Ton, in dem Schrecken und respektvolle Bewunderung sich mischen. Unkontrollierbar verwandelt sich das Bild des schwerkriminellen Psychopathen in das des monströsen Renaissancemenschen, ja der tragischen Figur:

„Gilles de Rais war ein tragischer Verbrecher: Das Prinzip der Tragödie ist die Schuld; dieser Schuldige war [...] eine tragische Persönlichkeit."

Im Gefolge solch tragischer Erhöhung verwandeln sich die Schlösser de Rais' zu „Märchenburgen", seine Verbrechen werden zum Ausdruck „maßloser, zerreißender Unruhe", und das Abschlachten der Kinder wird – man denkt an Steiners Verfahren – zum erkenntnistheoretischen Projekt:

„... nicht der sexuelle Genuß war für ihn entscheidend, sondern der, den Tod beim Werk zu sehen. Dieses Sehen berauschte ihn; er ließ einen Körper aufschlitzen, eine Kehle durchschneiden, Glieder abhacken ..."

All dies sei, so Bataille, als Ausdruck einer „archaischen Menschlichkeit" zu sehen, zugeschnitten auf die Welt des Märchens und der Legende. Und eben an dieser Stelle treffen Blaubart und Gilles aufeinander, werden phasenweise zu Doppelgängern, obwohl die Geschichten beachtlich differieren. Die hartnäckige Kontamination beider Figuren hat zweierlei Konsequenzen. Zum einen wird, so Bataille, das „Entsetzliche und Exzessive in der Gestalt Gilles de Rais'" erst vor der Folie des Blaubart wirklich deutlich erkennbar. Zum anderen, auf diese Lesart verzichtet Bataille, wird Blaubart durch die Verwandlung in ein aristokratisch-monströses Blaubart-Gilles-Wesen seiner bürgerlichen Realität enthoben und auf eine höhere mentale Ebene gehoben. Erst jetzt wird Blaubart wirklich zum „Monstrum", zum „Heiligen Ungeheuer" – die Kontamination kommt einer Nobilitierung gleich. Ein Brunnen wurde an dem Platz seiner Hinrichtung erbaut – Mittelpunkt volksfrommer Verehrung: Stillende Mütter pflegten hier zur Madonna zu beten. In der Bretagne lassen sich Spuren solcher Blaubart-Gilles-Verehrung und Legendenbildung bis in die Gegenwart verfolgen. Das Verblüffende daran ist, daß Gilles (und in seinem parareligiösen Windschatten auch Blaubart), aller Verbrechen zum Trotz, relativ früh in den Ruf einer gewissen Heiligkeit kamen, während paradoxerweise Jeanne d'Arc, für deren religiöse und politische Ziele er so engagiert gekämpft hatte, von solchen Segnungen anfangs eher ausgeschlossen blieb. Des Massenmörders Christentum indes war stets über alle Zweifel erhaben, so daß einer solchen kultischen Verehrung jedenfalls keine religiösen Einwände entgegenstanden, zumal interessanterweise bereits fünf Jahre nach seiner Hinrichtung 1440, kraft eines königlichen Dekrets, all seine Verfehlungen posthum annulliert worden waren. In dem entsprechenden Dokument ist mit keinem Wort von unsittlichen oder kriminellen Verfehlungen die Rede, wohl aber von seinen überragenden militärischen Leistungen.

Doch Gilles/Blaubart sind eben nicht nur das Objekt volkstümlich pagan-katholischer Frömmigkeit und Verehrung; ein Schicksal, das sie übrigens mit Don Juan Tenorio teilen, der noch 1989 in den Genuß verspäteter Seligsprechung kommen sollte. Sie sind gleichermaßen Kultfiguren intellektueller Devotion. Um eine solche handelt es sich bei Batailles nur oberflächlich als Chronik getarnter Gilles-Hagiographie ohne Zweifel: Märchenwesen und Monstrum, Delinquent und Hexenmeister, Berserker und Märtyrer – seinen Ausschweifungen und seinen Morden wird Größe, „Großartigkeit" zuerkannt. Sadismus pur – der Protagonist onaniert auf den Körpern der Sterbenden, variiert die Todesarten, delektiert sich an erlesenen Folterungen, degradiert Hunderte von Lebewesen zum Rohstoff seiner chaotischen Lust.

Den Massakern folgen Rituale der Reinigung, der Selbstbezichtigung und Buße, der Selbstvernichtung. Doch auch der Untergang Gilles de Rais' zeichnet sich in der Sicht Batailles durch Aspekte „düsterer Großartigkeit" aus, hat die Aura „theatralischer Halluzination". Was im Keller des Ringelspielbesitzers allenfalls grotesk anmutet, erhält im Dekor von Festung und Gruft die Aura faszinierender Größe. Und Gilles' Perversionen, die „zerschnittenen Kehlen [seiner Opfer] bedeuten nun die konvulsivischen Zuckungen dieser Gesellschaft". Der Dreiklang von Exzeß, Euphorie und Katastrophe berauscht Täter und Biographen gleichermaßen. Und selbst die innere Öde, die sich von Orgie zu Orgie fortschleppt, vermag der Interpret des zwanzigsten Jahrhunderts subtil nachzuempfinden.

Gilles und Jeanne enden im Abstand von zehn Jahren auf dem Scheiterhaufen. Und Bataille evoziert die Erregung, den Affekt, den diese großen kollektiven Fanale auslösten. Tränen, Mitleid, Grausamkeit – Auditorium und Publikum werden plötzlich zu Beteiligten: Die Exekution wird zur Apotheose, der Außenseiter zum Stellvertreter. Zwiespältige Gefühle begleiten das Finale von Gilles und Jeanne, Blaubart und Don Juan. Extremisten, zumindest extreme Figuren, die theatralisch ausgestoßen werden und die verödete Schauplätze zurücklassen; Verehrungsrituale versuchen Brücken zu schlagen und das entstandene Vakuum zumindest emotional zu füllen. Nach Ersatzfiguren wird fieberhaft gefahndet, und sind sie gefunden, brechen an ihnen dieselben Ambivalenzen neu auf: de Sade, Haarmann, Landru, Wagner . . . – jedesmal dieselbe Empörung, derselbe Haß, dieselbe Verehrung. Es ist, als ob diese Extremisten, Sammler, Serientäter, diese Perfektionisten der Triebhaftigkeit und Systematiker des Totmachens Elemente eines tiefer reichenden und breiter gestreuten Phantasiemusters transportierten – und auslebten. Der Umgang mit diesen Wesen spiegelt die Gespaltenheit unserer eigenen Gefühle. An der Oberfläche regiert selbstverständlich die Abwehr, die Vernichtung. Subkutan werden bei solchen Konfrontationen komplexere Affekte spürbar. Unser anhaltendes (häufig kulturell überformtes) Interesse ist ihnen zumindest gewiß. Ein ganz besonderes Interesse, das demjenigen des Ahnenforschers an seinen Vorgängern entspricht.

Blaubart und Don Juan sind nicht zuletzt auch Repräsentanten der Spezies Jedermann. Ihre Prinzipien und Verhaltensschemata beinhalten Allmachtsträume, die alle angehen und die von allen ausgehen. Es ist kein Zufall, daß beide Figuren ursprünglich aus der Zone der Kollektivphantasien – zwischen Märchen, Legende und Historie – entstammen. Serielle Tötung und serielle sexuelle Befriedigung, strikt tabuisiert und geächtet im bürgerlichen, gesellschaftlichen Kontext, werden in zwei Stellvertreterfiguren in effigie abgeurteilt – und verklärt. Mörder, Hoffnung der Frauen, besonders in Zeiten der Moral. Juan und Blaubart sind Exponenten einer permanenten antimoralistischen, antidemokratischen Gegenreformation, sie widerlegen den Traum der Einzigartigkeit und Einmaligkeit ihrer eigenen Person auf mörderische Weise.

Epilog

Politisch ist dieser Traum deshalb so brisant und gesellschaftlich so unverträglich, weil er die Gleichheit aller anderen als Gleichgültigkeit allen gegenüber beinhaltet. Blaubart und Don Juan – eher zurückhaltend im Ausformulieren von Theorien – behaupten diese radikale Assymmetrie nicht nur, sie leben sie aus. Jurisdiktion und Kunst schaffen Möglichkeiten, kollektiv an dieser Erfahrung zu partizipieren. Die Legion der Bearbeitungen, Adaptationen, dramatischen und narrativen Vergegenwärtigungen, Neuinterpretationen und Wiederaufnahmen stellen einen einzigen, großangelegten Versuch dar, Nähe und Distanz zu dem Aggressionspotential der beiden Repräsentationsfiguren aufrechtzuerhalten. Hautnah und doch durch ein Zeichen, sei es Gerichtsschranke oder Bühnenrampe, voneinander getrennt, verfolgen wir gebannt das ritualisierte Auftauchen, Verschwinden und Wiederauferstehen derselben, allen Metamorphosen zum Trotz im wesentlichen immer gleichen Figuren. Theater und Scheiterhaufen – symbolische Orte der unendlichen Vernichtungsfeier eines gleichermaßen vorhandenen wie verleugneten Erbes, das sich allen Domestizierungsversuchen verweigert und sich in immer neuen Figuren manifestiert. Mörder, Hoffnung der Gesellschaft, insofern der ritualisierte Amoklauf gegen ihre Normen deren Legitimation letztinstanzlich sichert. Verstöße gegen die Ordnung erst erweisen deren Bestand, und gegen die Schmerzzonen einer bestehenden Ordnung zu verstoßen schafft der Tat einen Rahmen, der ihr Bedeutung gibt: Juan, Gilles, Blaubart, Casanova und Marquis de Sade machen nur vor dem Hintergrund ihrer ordnungs-, normierungs- und tabuisierungssüchtigen Zeit Sinn.

Sie sind Figuren des Protestes und der Überschreitung ausgesprochener und unausgesprochener Verhaltensnormen – erfunden zum Gebrauch derjenigen, die diese Regeln im Normalfall respektieren. Ob intellektuelle Kopfgeburt oder muffiger Kleinbürgermythos, ob als Fürst oder Verkäufer – jede dieser Figuren, dies unterscheidet sie von klassischen Mythen, ist fähig, eine Vielzahl von soziologischen Metamorphosen zu durchlaufen, um alle Stände zu bedienen. Ob als göttlicher Marquis oder verkitschter Vorstadtcasanova – keine dieser Figuren kennt Berührungsängste, und keine hat Angst vor der eigenen Trivialität. Im Gegenteil, ihr Erfolg hat Gründe, die in eben dieser Trivialität, das heißt der Reproduzierbarkeit von künstlicher Aura liegen. Sie alle sind Produkte aus Phantasien und einem Gran Wirklichkeit, und sie werden bemerkenswerterweise fast ausschließlich dann zu literarischen oder visuellen Phantasieprodukten, wenn Männer in ihrem Mittelpunkt stehen. Weibliche Donna Juanas oder Blaubärtinnen existieren zwar in beträchtlicher Zahl, zu künstlerischen Meriten haben sie es nur in den seltensten Fällen gebracht.

Gesche Gottfried aus Bremen etwa lieferte zwischen 1813 und 1827 nicht weniger als fünfzehn Menschen dem Tod durch Vergiftung aus, darunter ihre drei Kinder, zwei Ehemänner, Vater, Mutter, Bruder... Als „weiblicher Blaubart" ging Anna Przygodda in die Verbrechens-, nicht aber in die Literaturgeschichte ein. Als sie 1903 hingerichtet wurde, hatte sie fünf Ehemänner auf dem Gewissen. Die Blauensteiner, die „Schwarze Witwe von Wien", gestand nach ihrer Verhaftung im Januar 1996 fünf Morde mittels Injektionen. Als „monstre femelle" bereicherte Gräfin Báthory die europäische Kriminalgeschichte. Sicher ist, daß sie, ein moderner, mordender Gilles, Hunderte zu Tode folterte und Leichenberge junger Mädchen hinterließ. Ob Mörderinnen im Kindesalter, skrupellose Engelmacherinnen, religiöser Exorzismus und „erotischer" Blutdurst, schwarze Witwen oder eiserne Jungfrauen, all diese Frauenviten zeigen, daß das destruktive Potential dem der männlichen Serientäter gleichwertig ist; die Studie von Christian Bolte und Klaus Dimmler über die *Geschichte der Mörderinnen* (1997) zeigt dies überzeugend.

Wenn dennoch keine von ihnen zur Stifterin eines literarischen Mythos wurde, so beweist dies eine geschlechtsspezifische Gewichtung des Szenariums. Allenfalls als Femme fatale oder männermordender Vamp reüssieren Frauen in Kunst und Literatur. Dabei werden ihnen zumeist spezifische Motive wie materielle Gier, Abenteuerlust, Promiskuität, gelegentlich Machtgeilheit zugeordnet. Doch die Systematik und das L'art pour l'art der Seriensexualität bleibt Männern vorbehalten – nicht zuletzt in der Absicht, sie zu philosophischen Ideenträgern auszubauen, während die Frauen allenfalls psychologisch interessante Fälle bleiben.

Ausgestattet mit den Insignien einer als Sinnsuche deklarierten Haltung wird jeder männliche Sexualakt zur Erkenntniszeugung, jede Tötung zum ordnungsstiftenden Prinzip. Ausgerechnet Blaubart (wie bei George Steiner) als Leitfigur mitteleuropäischer Wissenschaft zu installieren ist entweder Zeichen erstaunlicher Ehrlichkeit oder abgrundtiefen Zynismus. Gefeiert wird eine logozentrische Vorgehensweise, die die eigenen Regeln absolut setzt und keine Regel von der Ausnahme duldet. Jede Nähe zum Prinzip Blaubart beinhaltet eine humane Bankrotterklärung, und der obszöne Flirt der Moderne mit ihm ist Indiz für diese Tendenz. Der schwelgerische Schlick der Blutbilder überschwemmt die Phantasien bis in die Gegenwart, und selbst feministisch getönte Autorinnen scheuen nicht nur die Berührung mit dem Terror maskuliner Willkür – sie scheinen sie vielmehr zu suchen.

Vielleicht weil der letzte Existenzbeweis des Seins, der eigenen Existenz erst im Augenblick des Todes situiert wird. Auch hier steht ein extremistischer Kunstgedanke Pate: Opfer, Schlachtung, Exitus als existentielle Klimax für den Täter wie für sein Opfer, die ein unausgesprochenes Einverständnis aneinanderkettet. Den Totmacher als Gleichmacher und hysterischen Autisten sollte man vergessen. Serien können an ein Ende geführt werden. Er sollte nicht verbrannt werden, wie Simone de Beauvoir vorschlägt, sondern vergessen. Don Juan ist bereits auf der Strecke geblieben. Er beschläft seine klappernden Maschinen oder liebkost die Software seiner virtuellen Frauenbilder und altert.

Gespenster der Erotik stehen als rostende Wächter am Ausgang der europäischen Geisterbahn der Liebesideologien. Seit Stendhal ist der Sieg der Mechanisierung offenkundig und – mit ihm verbunden – der der fragmentarisierenden Wahrnehmung des Du. Ob Juan, Blaubart oder die Legion ihrer Nachfahren: Nicht einer läßt den anderen, läßt die andere als integrales Wesen zu. Selektion und Willkür prägen das Bild. Die innere Registratur ist darauf konditioniert, nur Splitter des anderen zuzulassen. Im Falle einer Störung dieses Prinzips wird das unerwünschte Element getilgt, „ausgemerzt".

Totalitarismus der Empfindung und der Lust. Es ist nicht nur ein nostalgischer Rückblick, der hier versucht wurde; die Art der programmatischen Verhinderung von Intimität, wie sie unter dem Vorwand des Intimwerdens geschieht, verweist auf Entpersönlichungsprozesse, deren ins Politische weitergedachten Katastrophen erst in der ersten Hälfte des 20. Jahrhunderts greifbar werden sollten.

Nein, nicht das Verbrennen oder das Vergessen empfiehlt sich als angemessene Art, um mit dem Blaubart-Typus umzugehen, d. h. ihn unschädlich zu machen – wohl aber das Verlachen. Vielleicht ist Jacques Offenbachs respektlose Opera-buffa-Manier, wo mit falschen Bedeutungsposen rigoros aufgeräumt wird und der „romantische" Mythos erst auf die Füße, dann auf den Kopf gestellt wird, bis er als Popanz mit den Beinen in der Luft zappelt, die einzig richtige Art.

Ritter Blaubart als plappernder Hanswurst, aber nicht mehr als bedrohlicher Dunkelmann – möglicherweise ist diese Form der Ridikülisierung der effizienteste Umgang mit dieser beklemmenden Variante des erotischen Serienprinzips, um ihr lachend und theatralisch wirksam den Garaus zu machen.

Verzeichnis der Abbildungen

Literaturverzeichnis

Adorno, Theodor W.: Huldigung an Zerlina. In: Moments musicaux, Frankfurt a. Main 1964

Atwood, Margaret: Blaubarts Ei. In: Der Salzgarten, Frankfurt a. Main 1996

Bachmann, Ingeborg: Der Fall Franza. Requiem für Fanny Goldmann, München 1982 und 1984

Bachmann, Ingeborg: Ein Schritt nach Gomorrha. In: Werke. Bd. II, hrsg. v. Ch. Koschel/J. v. Weidenbaum/C. Münster, München 1978

Bachmann, Ingeborg: Undine geht. In: Werke. Bd. II, hrsg. v. Ch. Koschel/J. v. Weidenbaum/C. Münster, München 1978

Balzac, Honoré: La Comédie Humaine Bd. 11, Paris 1980

Balzac, Honoré: L'élixir de longue vie, Paris 1830

Bang, Ilse, Hrsg.: Deutsche Märchenillustration, München 1944

Bartók, Belá/Balázs, Belá: Herzog Blaubarts Burg. In: Begleitheft zur CD 423236–2, Hamburg 1979

Baudelaire, Charles: Don Juan in der Unterwelt. In: Die Blumen des Bösen. Umdichtungen v. Stefan George, Stuttgart 1983

Baurmann, Michael C.: Sexualität, Gewalt und psychische Folgen, Wiesbaden 1996

Bausch, Pina: Blaubart – Beim Anhören einer Tonbandaufnahme von Béla Bartóks Oper „Herzog Blaubarts Burg". Tanztheater-Stück, Wuppertal 1977

Bataille, Georges: Gilles de Rais. Leben und Prozeß eines Kindermörders. Übersetzt ins Deutsche v. A. Meyer. 3. Aufl., Hamburg 1983

Beauvoir, Simone de: Soll man de Sade verbrennen? Drei Essays zur Moral des Existentialismus, Hamburg 1983

Bechstein, Ludwig: Sämtliche Märchen, München 1964

Bernhard, Marianne, Hrsg.: Franz Graf von Pocci: Die gesamte Druckgraphik, München 1974

Birnbaum, Charlotte, Hrsg.: Entstehung und erste Aufführung des „Don Giovanni". In: L. DaPonte: Geschichte meines Lebens, Tübingen 1969

Bloch, Ernst: Don Giovanni, alle Frauen und die Hochzeit. In: Das Prinzip Hoffnung, Bd. II, Frankfurt a. Main 1959

Bloch, Iwan: Marquis de Sade und seine Zeit, Hanau/Main 1970

Blok, Alexander: Die Schritte des Komturs. In: Gedichte, Frankfurt a. Main 1990

Bode, Christoph: Den Text? Die Haut retten!, Wien 1992

Boesmans, Phillippe: Reigen. Libretto von Bondy Luc, Frankfurt a. Main 1995

Bolte, Christian/Dimmler, Klaus: Schwarze Witwen und eiserne Jungfrauen. Geschichte der Mörderinnen, Leipzig 1997

Borneman, Ernest: Lexikon der Liebe und Sexualität. 2 Bände, München 1969

Bourget, Paul: Physiologie de l'Amour Moderne, Paris 1902

Brecht, Bertolt: Die Antigone des Sophokles. Materialien zur „Antigone",
Frankfurt a. Main 1997

Bronfen, Elisabeth: Nur über ihre Leiche. Tod, Weiblichkeit und Ästhetik, München 1994

Byron, George Gordon Lord: Manfred. Ein dramatisches Gedicht, hrsg. v. Helmut Viebrock, Frankfurt a. Main 1969

Carter, Angela: Blaubarts Zimmer. Märchen für Erwachsene, Hamburg 1985

Casanova, Giacomo Girolamo: Mémoires, hrsg. v. Robert Abirached, Paris 1958–1960

Cordobas y Maldonados, Alonso de: La venganza en el sepulcro, (s. l.) 1957

Csampai, Attila/Holland, Dietmar, hrsg.: W. A. Mozart. Don Giovanni. Texte, Materialien, Kommentare, Hamburg 1981

D'Aurevilly, Barbey: Le plus bel amour de Don Juan. In: Les Diaboliques, Paris 1963

De Molina, Tirso: Der steinerne Gast. Deutsch v. Karl Vossler. In: Klassisches spanisches Theater, hrsg. v. Werner Bahner, Berlin 1969

Dieckmann, Friedrich: Die Geschichte Don Giovannis. Werdegang eines erotischen Anarchisten, Frankfurt a. Main 1991

Döblin, Alfred: Der Ritter Blaubart. In: Die Ermordung einer Butterblume. Ausgewählte Erzählungen 1910–1950, Olten und Freiburg i. Breisgau 1962

Du Bois, Père: Legende von dem heiligen Gildas,1605

Ellin, Stanley: Die geordnete Welt des Mr. Appleby. In: Sanfter Schrecken. 10 ruchlose Geschichten. Übersetzt von Arno Schmidt. Stuttgart 1961

Feilhauer, Felicitas: Blaubärtchen. Märchen und Geschichten für neugierige Leser. Mit Bildern v. R. S. Berner, München/Wien 1990

Fellini, Federico: Casanova, Zürich 1977

Fellini, Federico: Die Stadt der Frauen, Zürich 1980

Felsenstein, Walter: Donna Anna und Don Giovanni. In: Felsenstein/Herz: Musiktheater, Leipzig 1976

Flaubert, Gustave: Une nuit de Don Juan. In: Œuvres complétes, Paris 1979

France, Anatol: Les sept femme de la Barbe-Bleue et autres contes merveilleux. Paris 1909

Freud, Sigmund: Drei Abhandlungen zur Sexualtheorie, Frankfurt a. Main 1961

Freud, Sigmund: Sexualleben, Frankfurt a. Main 1972

Frisch, Max: Don Juan oder die Liebe zur Geometrie, Frankfurt a. Main 1980

Fromm, Erich: Die Kunst des Liebens, Frankfurt a. Main 1980

Gazzaniga, Giuseppe: Don Giovanni o sia Il Convitato di pietra. (s. l.) 1787

Goertz, Harald: Mozarts Dichter Lorenzo Da Ponte. Genie und Abenteurer, Wien 1985

Goethe, Johann Wolfgang von: Faust, Stuttgart 1978

Grabbe, Christian Dietrich: Faust und Don Juan. In: Werke, Bd. I, hrsg. v. Roy C. Cowen, Darmstadt 1975

Grimm, Jacob u. Wilhelm: Fitchers Vogel. In: Kinder und Hausmärchen, Bd. 1, Stuttgart 1984

Heering, Kurt-Jürgen, Hrsg.: Don Juan. Ein Lesebuch, München 1990

Heidenreich, Elke: Blaubart und ich. In: Blaubärtchen, hrsg. v. Felicitas Feilhauer, München/Wien 1990

Hocquard, Jean-Victor: Don Giovanni di Mozart, Mailand 1980

Hoffmann, E. T. A.: Don Juan. In: Poetische Werke, Bd. 1, Berlin 1963

Horkheimer, Max, Adorno, Theodor W.: Dialektik der Aufklärung. Philosophische Fragmente, Frankfurt a. M. 1975

Horváth, Ödön von: Don Juan kommt aus dem Krieg, Frankfurt a. Main 1987

Horváth, Ödön v.: Ein Don Juan unserer Zeit. Filmexposé. In: Gesammelte Werke, Bd. IV, hrsg. v. Traugott Krischke und Dieter Hildebrandt, 2. Aufl., Frankfurt a. M 1970

Huysmans, Joris Karl: Gegen den Strich, Zürich 1965

Huysmans, Joris Karl: Tief unten, Köln 1963

Kaiser, Georg: Gilles und Jeanne. In: Werke, Bd. V, hrsg. v. Walther Huder, Frankfurt a. Main/Berlin/Wien 1972

Karmakar, Romuald/Farin, Michael: Der Totmacher. Theateraufführung, 1997

Kierkegaard, Sören: Der innere musikalische Bau der Oper. In: Entweder – Oder, Köln 1960

Kierkegaard, Sören: Sinnliche Genialität als Verführung bestimmt. In: Entweder – Oder, Köln 1960

Kokoschka, Oskar: Schauspiel. In: Dichtungen und Dramen. Das schriftliche Werk, Bd. 1, hrsg. v. Heinz Spielmann, Hamburg 1973

Krafft-Ebing, Richard von: Psychopathia sexualis, München 1984

Krauss, Karl: Grimassen über Kultur und Bühne, (s. l.) 1909

Kristeva, Julia: Histoires d'amour, Paris 1983

LaMettrie, Julien Offray de: L'art de jouir, Nantes 1995

Lenau, Nikolaus: Don Juan. Dramatische Szenen. In: Sämtl. Werke und Briefe, Bd. 1, hrsg. v. Walter Dietze, Frankfurt a. Main 1971

Lessing, Gotthold Ephraim: Emilia Galotti. In: Werke und Briefe, Bd. 6, hrsg. v. Wilfried Barner (Bd. 6 v. Klaus Bohnen), Frankfurt a. Main 1985

Lindner, Sigrid Anemone: Der Don Juan-Stoff in Literatur, Musik und bildender Kunst. Eine Analyse ausgewählter Bearbeitungen unter besonderer Berücksichtigung medienspezifischer Gesichtspunkte. Inaugural-Dissertation, Bochum 1980

Maeterlinck, Maurice: Blaubart und Ariane oder Die vergebliche Befreiung. Singspiel. Deutsch v. Friedrich v. Oppeln-Bronikowski, Leipzig 1901

Makein, Sabine: Die Gestalt der dämonischen Frau im Werk von Félicien Rops. Ikonographie und Ikonologie. Inaugural-Dissertation, Münster 1990

Maris, Leo van: Synopsis. Félicien Rops over kunst, melancholie & perversiteit, Amsterdam 1982

Mayer, Hans: Doktor Faust und Don Juan, Frankfurt a. Main 1979

Moliere: Don Juan. In: Werke, übertragen v. Arthur Miller, Rudolf Alexander Schröder, Ludwig Wolde, Wiesbaden 1954

Mozart, Wolfgang Amadeus: Don Giovanni, hrsg. von Kurt Pahlen, München 1981

Mozart, Wolfgang Amadeus: Don Giovanni. Texte, Materialien, Kommentare; hrsg. von Csampai, Attila und Holland, Dietmar, München 1981

Nagel, Ivan: Autonomie und Gnade. Über Mozarts Opern, München 1985

Offenbach, J./Halevy, L.: Barbe bleue, (s. l.) 1866

Offenbach, Jacques: Blaubart, Stuttgart 1996

Orlando, Vincenzo, Hrsg.: Mit den Waffen eines Mannes. Erster Teil: Die Verführung, München 1982

Ortega y Gasset, José: Einführung zu einem Don-Juan-Buch. In: Gesammelte Werke, Bd 5, Stuttgart 1956

Pasolini, Pierre Paolo: Die 120 Tage in Sodoma. Film, 1975

Perrault, Charles: Contes de Perrault. Fac-similé de l'édition originale de 1695–1697, avec un prèface de Jacques Barchilon, Genève 1980

Perrault, Charles: La Barbe Bleue. In: Contes. Édition présentée, établie et annotée par Jean-Pierre Collinet, Paris 1981

Perrault, Charles: Le maître chat. In: Contes. Édition présentée, établie et annotée par Jean-Pierre Collinet, Paris 1981

Perrault, Charles: Le petit chaperon rouge. In: Contes. Édition présentée, établie et annotée par Jean-Pierre Collinet, Paris 1981

Pocci, Franz Graf v.: Blaubart. In: Die gesamte Druckgraphik, hrsg. v. Marianne Bernhard, München (s. t.)

Praz, Mario: Liebe, Tod und Teufel. Die schwarze Romantik, 2 Bände, München 1970

Puskin, Aleksander Sergejewitsch: Der steinerne Gast. (s. l.) 1839

Qualtinger, Helmut: Der Mörder und andere Leut', (s. l.) 1975

Rank, Otto: The Don Juan Legend, Prinztown & London 1975

Rauhut, Franz: 1003 Varationen des Don – Juan – Stoffes von Anbeginn bis ins 20. Jahrhunderts, Konstanz 1990

Reichert, Klaus, Hrsg.: The best of H. C. Artmann, Frankfurt a. Main 1978

Rétif de la Bretonne, Nicolas: Monsieur Nicolas, Paris 1989

Rilke, Rainer Maria: Werke in drei Bänden. Bd. 1, Gedicht-Zyklen, ausgewählt und hrsg. vom Insel Verlag, Frankfurt a. M. 1966

Rops, Félicien: Les muses sataniques. Hrsg. von Zeno, Thierry, (s. l.) 1985

Sacher-Masoch, Leopold von: Don Juan v. Kolomea. Galizische Geschichten, Bonn 1985

Sade, Marquis de: Die 120 Tage von Sodom, München 1975

Sade, Marquis de: Justine. In: L'œuvre, Paris 1909

Sainyves, Pierre: Les Contes de Perrault et les récits parallèles, Paris 1987

Salvatore, Gaston: Anleitungen zum Umgang mit schönen Frauen, Hamburg 1997

Sand, George: Lélia, Paris 1960

Schmiedbauer, Wolfgang: Die Angst vor Nähe, Hamburg 1985

Schmitz, Walter, Hrsg.: Frischs Don Juan oder Die Liebe zur Geometrie, Frankfurt a. Main 1985

Schnitzler, Arthur: Anatol. Anatols Größenwahn. Der grüne Kakadu, Stuttgart 1994

Schnitzler, Arthur: Casanovas Heimfahrt. In: Gesammelte Werke. Erzählende Schriften, Bd. 2, Frankfurt a. Main 1961

Schnitzler, Arthur: Die Schwestern oder Casanova in Spa, Frankfurt a. Main 1993

Schnitzler, Arthur: Flucht in die Finsternis, Frankfurt a. Main 1994

Schnitzler, Arthur: Meisterdramen, Frankfurt a. Main 1955

Schwob, Marcel: Die Wollüstige. Erzählung, (s. l.) 1894

Shadwell, Thomas: The Libertine. A Tragedy, London 1675

Shaw, Bernard: Mensch und Übermensch. Eine Komödie, Frankfurt a. Main 1984

Steiner, George: In Blaubarts Burg, Frankfurt a. Main 1972

Steiner, George: Von realer Gegenwart, München 1990

Stendhal, Henri Beyle: Über die Liebe. Armance. Lamiel. Hrsg. v. Carsten Peter Tiede, Frankfurt a. Main/Berlin 1981

Strauß, Richard: Don Juan. Tondichtung für großes Orchester, Weimar 1889

Streeruwitz, Marlene: Sein. Und Schein. Und Erscheinen. Tübinger Poetik Vorlesungen, Frankfurt a. Main 1997

Streeruwitz, Marlene: Verführungen, Frankfurt a. Main 1996

Struck, Karin: Blaubarts Schatten, München 1991

Suhrbier, Hartwig: Blaubarts Geheimnis. Märchen und Erzählungen, Gedichte und Stücke, Frankfurt a. Main/Berlin 1987

Tieck, Ludwig: Der Blaubart. In: Phantasus. Schriften Bd. 6, hrsg. v. Manfred Frank u. a., Frankfurt a. Main 1985

Tieck, Ludwig: Die sieben Weiber des Blaubart. In: Schriften, Bd. 9, Arabesken, Berlin 1828

Toman, Josef: Don Juan, Reinbek bei Hamburg 1988

Trakl, Georg: Don Juans Tod. In: Dichtungen und Briefe, Bd. I, hrsg. v. Walter Killy und Hans Szklenar, Salzburg 1969

Trakl, Georg: Puppenspiel Blaubart. In: Dichtungen und Briefe, Bd. I, hrsg. v. Walter Killy und Hans Szklenar, Salzburg 1969

Verlaine, Paul: Don Juan pipé. In: Œuvres poétiques complètes, Paris 1962

Villiers de L'Isle – Adam, August de: Eve future. In: Œuvres complètes, Paris 1986

Zamora, Antonio de: No hay deuda que no se pague y Convidado de piedra, Madrid 1744

Zorrilla, José: Don Juan Tenorio, Madrid 1986

Zwetajewa, Marina: Don Juan. In: Ausgewählte Werke, Bd. I, Lyrik, München 1989

Zwetajewa, Marina: Im Feuer geschrieben. Ein Leben in Briefen, hrsg. v. Jlma Rakusa, Frankfurt a. Main 1992

Zeitungen, Zeitschriften

Die Zeit; 6. Dezember 1985: Don Juan oder die Liebe zur Philosophie

Spiegel special; Oktober 1997: Liebe, Laster, Literaten

Kunst · Literatur · Sprache

Dietrich Erben (Hrsg.)
Die Welt der Kunst
Ein Lesebuch von der Spätantike bis zur Postmoderne
1996. 283 Seiten mit 22 Abbildungen. Paperback
Beck'sche Reihe Band 1188

Hans-Martin Gauger
Über Sprache und Stil
1995. 276 Seiten mit 3 Abbildungen. Paperback
Beck'sche Reihe Band 1107

Walter Grasskamp
Kunst und Geld
Szenen einer Mischehe
1998. 133 Seiten. Paperback
Beck'sche Reihe Band 1258

Michael Hauskeller
Was ist Kunst?
Positionen der Ästhetik von Platon bis Danto
3. Auflage. 1998. 109 Seiten. Paperback
Beck'sche Reihe Band 1254

Christoph Gutknecht
Lauter spitze Zungen
Geflügelte Worte und ihre Geschichte
2., durchgesehene Auflage. 1997. 292 Seiten mit 11 Abbildungen.
Paperback
Beck'sche Reihe Band 1186

Horst Steinmetz
Moderne Literatur lesen
Eine Einführung
2. Auflage. 1997. 264 Seiten. Paperback
Beck'sche Reihe Band 1152

Verlag C. H. Beck München

Kleine Literaturgeschichte

Hans-Dieter Gelfert
Kleine Geschichte der englischen Literatur
1997. 380 Seiten mit 33 Abbildungen. Paperback
Beck'sche Reihe Band 1181

Johannes Hösle
Kleine Geschichte der italienischen Literatur
1995. 259 Seiten. Paperback
Beck'sche Reihe Band 1080

Bengt Algot Sørensen (Hrsg.)
Geschichte der deutschen Literatur
Band I: Vom Mittelalter bis zur Romantik
1997. 352 Seiten mit 5 Abbildungen und 2 Karten. Paperback
Beck'sche Reihe Band 1216
Band II: Vom 19. Jahrhundert bis zur Gegenwart
1997. 448 Seiten mit 2 Abbildungen. Paperback
Beck'sche Reihe Band 1217

Jürgen von Stackelberg
Kleine Geschichte der französischen Literatur
2., durchgesehene Auflage. 1999. 261 Seiten. Paperback
Beck'sche Reihe Band 412

Christoph Strosetzki
Kleine Geschichte der lateinamerikanischen Literatur im 20. Jahrhundert
1994. 368 Seiten. Paperback
Beck'sche Reihe Band 1048

Verlag C.H. Beck München